월터 브루그만과 함께하는
사순절 묵상집

가 보 지 않 은 길

월터 브루그만 지음
리처드 플로이드 엮음
박형국 김상윤 옮김

한국장로교출판사

A way other than our own

English Edition ⓒ 2017 by Walter Brueggemann
First Edition ⓒ 2017 by Westminster John Knox Press
Korean Edition ⓒ 2018 by Publishing House The Presbyterian Church of Korea, Seoul, Republic of Korea

All rights reserved. No part of this book may be reproduced or transmitted in any form or by any means, electronic or mechanical, including photocopying, recording, or by any information storage or retrieval system, without permission in writing from the publisher.

가보지 않은 길

A way other than our own

편집자 노트

말씀은 계속해서 읽고 묵상하다 보면 마치 금이 연금술에 의해 담금질되듯이 우리의 영혼이 정제됩니다. 우리의 뒤틀리고 굳어진 생각이 점차 바뀌어 보다 능력 있고 관대해짐을 느낍니다.

브루그만은 사순절 신앙여정을 위한 탁월한 동반자입니다.

월터는 이사야와 예레미야 같은 예언의 메시지는 물론이고 시편, 모세오경, 복음서, 그리고 몇몇 서신서에 대한 날카로운 성경 연구를 통해 우리를 부르고 있습니다.

우리는 사순절 여정을 걸어가도록 초대를 받았습니다. 이 여정에서 우리는 지금의 혼돈의 세상에서는 인식할 수 없는 은혜와 긍휼과 풍성을 경험하게 될 것입니다.

나는 매일의 묵상을 마무리하면서 기도문을 넣을 때마다 그의 언어들을 사용하려고 했습니다.

여러분도 브루그만의 영성의 흔적을 함께 느끼며 사순절의 은혜의 길에 함께하길 바랍니다.

리처드 플로이드

차례

Ash Wed. 재의 수요일 : 01 새로워진 나 /10

1st Thu. : 02 다시 길 위에서 /14

1st Fri. : 03 세상을 사는 새로운 방식 /18

1st Sat. : 04 여정, 유혹, 그리고 말씀 /22

1st Sun. 사순절 첫 주일 : 큰 것의 유혹 /25

1st Mon. : 05 하나님을 슬프게 하는 일들 /29

1st Tue. : 06 우리와는 다른 하나님의 방식 /33

2nd Wed. : 07 흘러넘치는 성실 /37

2nd Thu. : 08 나를 넘어선 시선 /41

2nd Fri. : 09 웃음의 거품 /44

2nd Sat. : 10 안일을 뒤흔드는 비전 /48

2nd Sun. 사순절 둘째 주일 : 한밤의 도둑같이 /51

2nd Mon. : 11 보고, 사랑하고, 따르기 /55

2nd Tue. : 12 참된 자기 부인 /58

3rd Wed. : 13 이웃 종교 /62

3rd Thu. : 14 하나님께 붙들려 /66

3rd Fri. : 15 공허함의 처방전 /70

3rd Sat. : 16 우리만이 할 수 있는 일 /74

3rd Sun. 사순절 셋째 주일 : 새로운 노래, 새로운 현실 /78

3rd Mon. : 17 죽음의 굴레와 복음의 드라마 /82

3rd Tue. : 18 우리와 다른 길 /85

4th Wed. : 19 경계를 가로지르는 관용 /88

4th Thu. : 20 미래 /92

4th Fri. : 21 위험한 복 /96

4th Sat. : 22 결핍과 풍요 /100

4th Sun. 사순절 넷째 주 : 매일매일 새로운 이야기 /103

4th Mon. : 23 기억으로부터의 희망 /106

4th Tue. : 24 티끌로 능력을 보이신 하나님 /109

5th Wed. : 25 새로워진 독수리들처럼 /113

5th Thu. : 26 나의 이름을 부르시니 /116

5th Fri. : 27 오랜 노력이 필요한 기적 /119

5th Sat. : 28 예수께서 다시 빚으시는 /123

5th Sun. 사순절 다섯 번째 주일 : 스스로 돌이키어 /127

5th Mon. : 29 가치를 위한 부르심 /131

5th Tue. : 30 새로운 기회의 선물 /135

6th Wed. : 31 사순절의 드라마 /139

6th Thu. : 32 하나님의 만찬 /142

6th Fri. : 33 감추어진 세계 /145

6th Sat. : 34 위대한 Yes /149

Palm Sunday. 종려주일 : 잘못된 성전에서 /153

Mon of Holy Week. : 35 마음 바꾸기 /157

Tue of Holy Week. : 36 가까이 둔 희망의 세상 /160

Wed of Holy Week. : 37 주께로 당겨지는 자석 /163

Maundy Thu. : 38 주인의 본 /167

Good Fri. : 39 진리가 권력에 말하다 /171

Holy Sat. : 40 그분의 간섭을 기대하며 /174

Easter Sun. 부활주일 : 세상에 던져진 용기 /177

옮긴이의 글 /184

가보지 않은 길

———

A way other than our own

Ash wed – 재의 수요일 / 01

새로워진 나

너희는 여호와를 만날 만한 때에 찾으라 가까이 계실 때에 그를 부르라
악인은 그의 길을, 불의한 자는 그의 생각을 버리고 여호와께로 돌아오라
그리하면 그가 긍휼히 여기시리라 우리 하나님께로 돌아오라
그가 너그럽게 용서하시리라
(이사야 55 : 6 – 7)
–

예배와 회개로 부르시는 본문의 말씀은 우리에게 매우 친숙한 구절입니다. 그런 점에서 사순절의 신앙여정을 이 말씀과 함께 시작해 보고자 합니다. 우리는 여기서 하나님의 얼굴을 봅니다. 그분은 기꺼이 용서하실 준비가 되신, 진정 '은혜를 베

풀어 주시는 하나님'이십니다. 우리는 은혜의 하나님을 향하여 돌아서야 합니다.

그분은 '명령하시는 하나님'이시기도 합니다. 하나님의 은혜는 그분의 명령과 함께 우리에게 주어집니다. 이것은 그분과 우리와의 모든 관계에서 적용되는 하나님의 방식입니다.

이사야에게 주시는 하나님의 명령은 '찾으라', '부르라', '버리라', '돌아오라'는 네 가지의 동사를 통해 표현되고 있습니다. 참으로 사순절에 어울리는 명령입니다.

시대적 배경을 볼 때 이 명령은 일반적인 회개에 대한 것이 아니라, 바벨론 제국에서 잘살기 위해 기꺼이 바벨론인으로 귀화하는 유대인들의 행위와 관련이 있습니다. 그들은 너무 쉽게 유대 정체성, 유대 신앙, 유대 교육을 포기하고 타협하는 삶을 선택합니다.

바벨론 제국은 다른 신을 숭배하였고 이에 따른 가치관과 교육 체계를 가지고 있었습니다. 그러하기에 말씀에 표현된 명령은 본래의 정체성, 기본이 되는 교육, 곧 본래의 신앙으로 돌아오라는 요청입니다.

저는 이런 명령이 우리 그리스도인들을 위한 사순절 명령임을 말하고자 합니다. 지금 교회들의 위기는 진보적이냐 아니면 보수적이냐 하는 것보다는 기독교의 신앙과 교육을 버리고, 일반적인 세상의 정체성을 따르고 유지하려는 데 있습니다. 여기서 세상의 정체성이란 적당한 애국주의, 적당한 소비주의, 무관심의 폭력, 적당한 타협으로 누리는 풍요를 의미합니다. 다시 말해 교회는 진보적 신앙과 보수적 신앙 사이의 우위를 점하기 위한 무가치한 투쟁에서 벗어나야 합니다. 그리고 사순절의 여정을 시작하기에 앞서 세례의 참된 의미, 곧 하나님이 선택하신 '약속의 자녀'로서 '부르심에 합당한 삶을 사는 것'에 대해 숙고해야 합니다. 그릇된 애국주의, 과열된 소비주의, 그리고 무분별한 폭력과 탐욕의 세상 속에서 우리는 부르심에 합당한 삶을 살아야 합니다.

사순절은 이전의 무뎌지고 구태의연한 삶을 돌아보고 훈련, 순종, 그리고 기쁨이 넘치는 삶으로 다시금 돌아가는 시간입니다. 위에서 인용한 이사야의 말씀 가운데 절정에 해당하는 구절을 주목해 봅시다.

그가 긍휼히 여기시리라……
그가 너그럽게 용서하시리라
(사 55 : 7)

세상과 타협하며 적당히 살아가는 우리들에게 주시는 말씀입니다. 하나님께서는 올바른 신앙으로 다시 무장하는 자녀들을 향해 긍휼과 용서의 얼굴을 돌리십니다.

○

은혜를 베푸시고 명령하시는 하나님,
우리가 세례의 참된 의미를 회복하도록 이끄소서.
그래서 우리가 우리를 에워싸고 있는
세상의 권세들을 따르지 않고
하나님의 부르심과 약속에 따라 살게 하옵소서.
우리의 마음을 깨우셔서
하나님의 변혁의 말씀을 새롭게 받아들이게 하시고
그 구원의 능력을 회복하게 하소서. 아멘.

1st-Thu of Lent / 02

다시 길 위에서

내가 산을 향하여 눈을 들리라
나의 도움이 어디서 올까
나의 도움은 천지를 지으신 여호와께서로다
(시편 121 : 1-2)
—

우리는 다시 길 위에 있습니다. 우리는 예수님을 따르는 이들로서 사순절에 다시 예수께서 걸으신 그 길 위에 있습니다. 예수님은 유대교 지도자들과 당국자들과의 최후 대결을 위해 예루살렘을 향한 순종의 길을 걸으셨습니다.
그 길은 언제나 고통과 깊은 수렁 그리고 적의와 부정한 동기가 만들어 낸 시련으로 가득한 위험한 여정입니다. 그러나 신앙을 지닌 그리스도인들은 위험을 무릅쓰고 안전한 곳을 떠나 다시 그 길 위에서 참된 삶을 소망해야 합니다.

성경이 증언하는 신앙의 구체적인 여정은 창세기의 아브라함과 사라가 고향 아버지의 집을 떠남에서 시작합니다. 하나님께서는 아브라함과 사라를 약속의 땅으로 파송하십니다.
두 사람은 자신들이 거주하던 안전한 곳을 떠나 아직 주어지지도 않은, 앞으로 주어질 새로운 땅에서 새로운 이름을 얻으며, 하나님의 복을 받고 이웃들에게 축복이 될 것이라는 약속을 믿고 떠났습니다.
그들의 자손들도 대대로 머무르던 곳을 떠났습니다. 우리도 그들처럼 안전한 곳을 떠나 하나님께서 선물로 주시려고 약속한 그곳을 향해 가야 합니다. 우리는 이 여정 위에서 복을 받고 또 이웃들에게 축복이 될 것을 희망할 수 있습니다.

곰곰이 생각해 보면 우리가 가야 할 곳은 '평화'(shalom)가 없는 곳이 아닐까요? 그곳에서 우리가 진정한 평화의 이웃이 되어야 하지 않겠습니까? 평화가 가득한 그곳은 말하자면 필요한 재원을 함께 나누고 타자를 포용하며, 차별 없이 환대하고 정의를 위해 행동하며, 서로를 두려워하지 않는 이웃이 되는 곳입니다. 그곳은 탐욕이나 불안, 지나친 자기집착에 의해 추동되지 않습니다.

시편 121편은 힘들고 위험하지만 도전할 만한 신앙의 여정을 안내하고 있습니다. 121편은 신앙의 여정에 있는 사람들에 의해 반복해서 사용되었고, 우리에게도 주어졌습니다. 그 말씀은 우리가 가고 있는 신앙여정이 홀로 가는 것이 아닐 뿐더러 가장 좋은 길이라는 믿음을 줍니다.
신실하신 하나님께서 그 모든 여정 가운데 우리와 함께 하십니다. 하나님은 아브라함과 사라를 안전하게 보호하신 분이시고, 예수님과 예루살렘으로 가는 여정, 성금요일의 수난과 부활로 이어지는 모든 여정 가운데 동행하신 분이십니다.

저는 우리에게 주어진 사순절의 여정을 상상해 봅니다. 경제가 지향하는 탐욕, 불신에서 오는 불안, 세상에 대한 적대적인 태도와 결별하는 사순절, 타자에 대한 배타적인 정치 체제와 결별하는 사순절, 하나님의 피조세계를 쉴 새 없이 빨아들이는 자기 몰입에 빠진 소비주의와 결별하는 사순절을 말입니다. 그때에야 비로소 모든 억압으로부터 자유한 그곳, 새로운 관계가 시작되는 그곳에 도달하게 됩니다. 이것은 이 세상을 살아내야 할 우리에게 주어진 하나님의 은혜의 선물입니다.

자신을 주시는 하나님, 우리를 불러 새로움의 길을 걷게 하소서.
새로운 자아, 새로운 사회, 새로운 세계가 이웃이 되는 길을
걷게 하소서.
우리가 이 사순절에 자비를 베풀며 살게 하소서. 아멘.

1st-Fri of Lent / 03

세상을 사는 새로운 방식

너희 중에 누가 염려함으로 그 키를 한 자라도 더할 수 있겠느냐
(마태복음 6 : 27)
—

사순절은 우리에게 회개의 의미를 묻는 시간입니다. 그렇지만 더 이상 우리는 사순절을 죄와 고통, 자기 부인과 같이 개인적 차원에서만 이해하는 구태의연한 기간으로 보내서는 안 됩니다. 오히려 예수님 주변에 몰려들었던 많은 사람들이 자신들이 속한 세상을 어떤 새로운 방식으로 보았는지 물어야 합니다. 저는 이렇게 질문을 던지고자 합니다.
"예수님은 새로운 방식으로 우리 주변 사람들과의 문제에 대

처하는 것이 가능함을 보이셨습니다."

'불안'은 오늘 우리가 세상을 사는 방식입니다. 불안은 강요와 괴롭힘 그리고 염려에서 생깁니다. 우리는 두려움 속에 자신을 방어하고 가진 것을 지키려 합니다.
또한 불안은 무언가를 눈덩이처럼 쌓고 지키는 일에 몰두하도록 만듭니다. 그 결과 우리는 그것에 사로잡혀서 마침내는 그렇게 되었다는 사실조차 깨닫지 못하는 지경에 이릅니다.
예수님은 대답이 필요 없는 너무나 당연한 질문을 하셨습니다. 그것은 모든 반론들과 설명들을 무력화시키는 질문이었습니다.
"너희가 잘 알고 있듯이, 누가 염려한다고 너희 삶에 한 자를 덧붙일 수 있겠느냐?"
예수님의 질문은 우리의 마음을 쓰라리고 당혹케 합니다. 자기방어와 두려움과 탐욕의 태도는 결코 어떤 소득도 가져다주지 못합니다. 하지만 우리는 보다 나은 길을 알지 못할 뿐 아니라 이미 습관이 된 불안의 방식을 놓지 못하고 탐욕에 몰두합니다.
그런 우리에게 예수님은 다른 길을 제시합니다.
"그의 나라와 의를 구하라"

이것을 달리 표현하면 이렇습니다.

"염려하지 마십시오. 당신의 염려는 그것으로 충분합니다. 당신의 위치, 당신의 교회, 당신의 계급, 당신의 가치들, 당신의 권리에 대해 염려할 필요가 없습니다. 오히려 우리가 속한 인류 공동체의 안녕에 대해 염려하십시오."

이 말씀은 우리에게 정서적인 위안을 주는 설교처럼 들릴 수도 있습니다. 그렇지만 이 말씀은 우리가 몸담고 있는 교회의 사명을 전해 주고 있습니다.

이 사명은 인류가 더불어 살아가기 위한 것입니다. 말하자면 인간 존엄성의 위기, 개인의 상처, 사회 제도의 실효성 그리고 인간관계의 회복에 관심을 두라는 것입니다. 이제 우리는 개인의 염려에서 벗어나 인류 공동체의 온전함을 위해 다가가야 할 것입니다.

주님, 우리 자신을 위한 집착에서 자유하게 하소서.
이웃을 염려하는 넉넉한 마음을 주소서.
우리가 속한 자리, 우리가 속한 교회, 우리가 속한 계급, 우리가 추구하는 가치들, 우리가 가진 기득권에 대해 염려하기보다 인류 공동체의 안녕에 관심을 가지게 하소서.
우리를 도우셔서 하나님을 온전히 신뢰함으로 오는 기쁨과 자유를 알게 하소서. 아멘.

1st−Sat of Lent / 04

여정, 유혹, 그리고 말씀

예수께서 성령의 충만함을 입어 요단강에서 돌아오사
광야에서 사십 일 동안 성령에게 이끌리시며
마귀에게 시험을 받으시더라
(누가복음 4 : 1−2a)
−

우리는 사순절 여정 중에 있습니다. 그 길 위에 '확신을 주는' 하나님의 '말씀'이 있습니다. 하나님께서 말씀하십니다. "내가 지키리라. 내가 응답하리라. 내가 인도하리라." 그러나 또 '다른 목소리'가 하나님의 말씀을 거스릅니다. 이 목소리는 가볍고 경솔한 약속으로 신앙과 정체성을 거스르는 행동들을 조장하면서 신앙의 사람들을 조롱하고 유혹합니다. 사순절은 하나님의 약속과 유혹의 소리 가운데 결단하는 법을 배우는 시간입니다. 또한 사순절은 참된 확신의 소리는 경청하고, 불신앙의 소리는 경계하여, 동일한 시편이 어떤 때는 신앙을 북돋아 주고 어떤 때 신앙을 잃게 하는지 분별하는 법을 배우는 시간이기도 합니다.

사순절을 이러한 갈등의 소리들 사이에 나를 두는 시간으로 삼는 것은 유익합니다. 그리스도인들은 우리 사회에서 정확히 두 소리 사이에 던져졌습니다. 우리는 이 사이를 오가며 이해를 추구하는 신앙을 지녔는지 아니면 권력을 행사하는 지식 꾸러미를 지녔는지 분별해야 합니다.

그리스도인들은 사회 체제에 있어서도 두 소리 가운데 던져져 있습니다. 우리가 고통으로 가득한 낮은 자의 소리를 존중할지 아니면 단지 기성 독점 권력의 피곤한 요구들에 주목할 것인지를 분별해야 합니다.

이처럼 우리는 세상에 공존하는 다양한 두 소리 사이에서 그리스도인의 정체성을 찾기 위해 던져졌습니다. 그 사이에서 우리는 참된 신앙인으로서 살아갈 것인지 아니면 냉소와 절망 속에 살아갈지를 결단해야 합니다. 왜냐하면 우리의 신념과 행동이 하나님이 주신 확신과 충돌하여 하나님이 원하시는 참된 길을 거스르는 위기로 탈바꿈할 수 있기 때문입니다.

사순절을 통해 우리를 부르시는 하나님께서 우리와 늘 동행하시는 분이라는 확신의 말씀을 들을 수 있기를 소망합니다. 이제 하나님과 나 사이의 충돌의 위기를 넘어, 하나님의 뜻에 순종하기로 결단하는 진정한 여정이 시작되었습니다.

이 기간 동안 우리는 내적으로든 외적으로든 여러 가지 생각과 목소리를 듣고 자신을 새롭게 인식할 수 있는 기회를 얻게 될 것입니다. 반면에 세상은 사순절 여정이 으레 지나가는 일련의 행사에 불과하다고 말하겠지요. 하지만 그들에게 보잘것없어 보이는 믿음만이 위기에 처한 삶의 지대로 들어갈 요구에 응답할 수 있는 용기를 줄 것입니다.

ㅇ

사순절에 우리에게 약속과 유혹의 소리들을 듣는 법을 가르쳐 주소서.
그것들을 분별하는 법을 가르쳐 주소서.
확신을 주시는 하나님의 말씀을 더욱 잘 듣고
거짓 소리들을 분별하여
당신 앞에서 신실하게 살아갈 수 있도록 도우소서. 아멘.

1st-Sun of Lent / 사순절 첫 주일

큰 것의 유혹

오호라 너희 목마른 자들아 물로 나아오라

돈 없는 자도 오라

너희는 와서 사 먹되 돈 없이,

값없이 와서 포도주와 젖을 사라

너희가 어찌하여 양식이 아닌 것을 위하여 은을 달아주며

배부르게 하지 못할 것을 위하여 수고하느냐

(이사야 55 : 1-2a)

—

컴퓨터와 TV 속 광고들을 보고 있자면 매력 있는 배우들이나 인물들이 출연하여 소비자에게 말을 건넵니다. 물론 그들의 말의 결론은 지금 광고하는 상품이 좋으니 구매하라는 것입니다.

제품마다 선전하는 내용은 다르겠지만 광고의 공통적인 교훈을 정의 내려 보자면 이렇습니다.
"한 번에 한 가지만을 하는 것보다는 동시에 두 가지를 하는 것이 효율적이다. 보다 큰 것이 더 낫다. 보다 빠른 것이, 보다 많은 것이 더 낫다."

오늘 읽은 이사야의 시적인 표현들은 깨어 일어나라고 우리를 부르고 있습니다. 거대한 제국과 같은 세상의 권세에 눌려 신앙에 대해 침묵하고 있을 때 깨어 일어나라고 우리를 부르고 있습니다. 하나님의 긍휼을 신뢰하지 않고 우리 자신의 삶을 지배하려고 할 때 깨어 일어나라고 우리를 부르고 있습니다. 하나님의 은혜에서 벗어나 스스로 결단할 때 깨어 일어나라고 우리를 부르고 있습니다. 값없이 선물을 주시는 복음의 하나님을 의지하기보다 허황된 광고에 현혹될 때 깨어 일어나라고 우리를 부르고 있습니다.
사순절은 우리에게 하나의 질문이요 선물이요 부름입니다.
사순절의 질문은 이것입니다.

우리는 지금 무엇을 하는가?
우리는 지금 하고 있는 일에 정말로 만족하고 있는가?
지금 우리가 하는 지출은 정말 필요를 위한 것인가?

사순절의 선물들은 거저 주어지는 것들입니다. 그것들은 생명을 지탱하는 복음의 선물들입니다. 성만찬에서 거저 주어지는 포도주와 젖, 거저 주어지는 물과 빵은 제국의 논리로는 절대 줄 수 없는 선물들입니다.

사순절의 부름은 새로운 열매를 맺게 하기 위함입니다. 복음의 사역자이신 하나님의 자녀로서 합당한 삶을 사십시오. 우리의 삶을 위해 더 큰 계획을 품고 계신 하나님을 통해 열매 맺는 삶을 사십시오.

이제는 "보다 큰 것이 더 낫다"는 무의미한 명제를 위한 치열한 경쟁에서 벗어나 참된 자유를 허락하시는 하나님의 뜻에 부합하는 삶을 사십시오.

우리가 얼마나 많은 일을 성취했는지로 우리를 판단하지 않으시는 하나님께 긍휼을 구하십시오. 우리에게는 하나님의 백성이라는 새로운 정체성이 부여되었습니다.

· 더 이상 우리를 만족시키지 못하는 것을 위해 일하지 마십시오.
· 우리의 삶을 위해 준비한 선물들을 그냥 받으십시오.
· 우리를 치유하고 변화시키는 새로운 풍요로움에 참여하십시오.

우리 모두는 그 어떤 소비로도 만족할 수 없었던 참된 만족을 보상받게 될 것입니다.

o

하나님, 당신은 우리의 번잡한 삶을 흔들어 은혜의 삶으로 초대하시는 분이십니다.
사순절에 번잡한 삶을 멈추고 새로운 삶을 시작하게 하소서.
탐욕과 불안으로 찌든 삶에서 벗어나게 하소서.
다시 긍휼과 풍요로움을 회복하게 하소서. 아멘.

1st - Mon of Lent / 05

하나님을 슬프게 하는 일들

그러나 하나님께서 세상의 미련한 것들을 택하사

지혜 있는 자들을 부끄럽게 하려 하시고

세상의 약한 것들을 택하사

강한 것들을 부끄럽게 하려 하시며

하나님께서 세상의 천한 것들과 멸시받는 것들과

없는 것들을 택하사

있는 것들을 폐하려 하시나니

이는 아무 육체도 하나님 앞에서 자랑하지 못하게 하려 하심이라

(고린도전서 1 : 27 - 29)

—

십자가는 세상과 모순되는 것입니다. 십자가는 개인뿐만 아니

라 사회 공공정책과도 관계가 있습니다.

십자가는 하나님이 보여 주시는 새롭고 경이로운 세상으로 나아가는 길을 드러내 줍니다. 우리는 그 세상을 얻었음에도 불구하고 언제나 만족이 없는 삶으로 굶주려 있습니다. 그런 우리에게 십자가는 죽음의 멸망과 부활의 승리를 동시에 보여 주면서 스스로를 믿는 삶은 지속될 수 없음을 가르쳐 줍니다. 그리고 여기 매우 위험하기는 하지만 십자가의 절망과 부활의 승리를 도피할 수 있는 방법이 있습니다.
하나는 세상의 모든 제도들을 무시하고, 자신이 쌓은 왕국에서 나오지 않는 것입니다. 다른 하나는 예수님을 믿되, 약하고 어리석게 보이는 진리를 세상의 권세로 바꾸어 버리는 것입니다.
첫째 유혹은 교회 밖에 있는 사람들이 받는 것입니다.
둘째 유혹은 교회 안에 있는 사람들이 받는 것입니다.
어느 쪽이든지 복음의 진리는 하나님을 기쁘게 하는 것과 슬프게 하는 것 가운데에서 결단하게 합니다.

하나님은 생사를 주관하시는 전지전능하신 분이십니다. 교회 안에서 서로의 주장이 옳다고 다투는 신앙인들이 다음과 같이 고백한다면 얼마나 감동적이겠습니까?
"나의 주장이 하나님을 기쁘게 하시는 일인지 되돌아봅니다."

진보와 보수를 제쳐 놓고 모든 신앙인들이 함께 하나님 나라를 이루어 간다면 얼마나 크고 새로운 에너지와 열정을 만들어 낼 수 있겠습니까? 그러나 우리는 자신을 굽히는 힘들고 어려운 길을 선택하려 하지 않습니다. 우리는 결단해야 합니다.

바울의 표현은 점점 서정성을 더해 갑니다.
"하나님께서 지혜로운 사람들에게 긍휼의 행위들을 보여 주기 위해 '어리석은' 것을 선택하셨습니다. 그것은 우리의 지식, 생각과 모순되는 것입니다."
"하나님께서는 나사렛 예수 안에서 세상의 소유가 아무것도 아닌 것을 알게 하기 위해 세상에서 '천하고 멸시받는' 것들을 선택하셨습니다. 그러나 세상의 통치자들은 아직까지도 그들과 함께하지 못합니다."

여러분, 하나님의 생각과 섭리는 우리의 생각과 다릅니다. 그러므로 우리는 그분의 뜻을 즐겁게 받아들이며 기다려야 합니다.
세상은 새로움을 기다립니다.
'굳어 버린 지혜'는 새로움에 대해 아무것도 모릅니다.
'굳어 버린 부'는 새로움에 대해 아무것도 모릅니다.
'굳어 버린 권력'은 새로움에 대해 아무것도 모릅니다.

그러나 우리는 압니다. 우리는 우리의 소명을 깊이 생각합니다. 그리고 우리는 하나님을 기쁘시게 하는 것을 선택합니다. 오늘 즉시 받아들이고, 약간 뽐내도 됩니다. 내가 하나님께서 기뻐하시는 것들을 안다는 것을 자랑하십시오. 하나님이 기뻐하시는 일이 나에게도 기쁨이란 사실을 기뻐하십시오.

o

하나님께서는 새로운 질서를 정하셨습니다.
그 질서 안에서 첫째는 꼴찌가 되고 꼴찌는 첫째가 됩니다.
우리를 세상의 거짓 가치들로부터 돌이키게 하소서.
하나님께서 우선하시는 것들을 추구하게 하소서.
하나님을 기쁘시게 하는 것들을 추구하게 하소서.
내가 인자와 정의와 공의를 추구하게 하소서. 아멘.

1st-Tue of Lent / 06

우리와는 다른 하나님의 방식

여호와께서 이르시되 내가 내 모든 선한 것을 네 앞으로 지나가게 하고
여호와의 이름을 네 앞에 선포하리라
나는 은혜 베풀 자에게 은혜를 베풀고
긍휼히 여길 자에게 긍휼을 베푸느니라
(출애굽기 33 : 19)

-

출애굽기 33장은 하나님과 모세 사이에 있었던 어색하고 복잡한 협상에 대한 말씀입니다. 모세는 이스라엘 백성의 죄로 인해 진노하신 하나님과 협상을 시도합니다. 하지만 하나님은 자신의 뜻을 굽히지 않으십니다. 그럼에도 불구하고 모세는 하

나님께 진노를 거두어 주실 것을 간구하며, 하나님이 어느 정도까지 자신의 요구에 응답하여 주실 수 있을지 알기 위해 노력합니다. 우리는 실패를 딛고 다시금 도약을 하려 할 때 이런 방식을 택합니다. 우리는 새로운 도약을 위해 사용 가능한 수단을 찾습니다.

하나님께서는 '은혜로우십니다.' 하나님께서는 확신을 주시고 긍정적이시며, 관대하시고, 친절하십니다. 하나님께서는 자비로우십니다. 하나님께서는 결정적인 순간에 도우실 수 있는 긍휼과 공감과 명쾌함을 지니고 계십니다. 이것은 모세가 커다란 실패 후에도 새로운 미래여정을 위해 그토록 간절히 희망한 이유입니다. 실패, 그 이후는 하나님의 풍성한 은혜와 자비에 달려 있습니다.

그러나 기억해야 할 것은 단순히 하나님의 은혜와 자비만을 말하는 것이 아닙니다. 하나님께서는 은혜를 베푸시기 원하는 사람들에게 은혜를 베푸시고, 자비를 베푸시기 원하는 사람들에게 자비를 베푸신다는 것입니다. 온전히 하나님의 마음에 달려 있는 것입니다.

비록 곤란한 거래를 하는 입장이기는 하지만, 모세는 미래가 참되신 하나님께 달려 있고, 그분은 그저 행운을 가져다주는 마법사나 마냥 친절하고 마음이 좋은 아저씨가 아님을 분별할 수 있는 사람이었습니다.

우리의 미래는 하나님의 인도하심에 달려 있기 때문에 하나님의 뜻과 다르게 결정될 수 없습니다. 이스라엘은 스스로가 매력적으로 여기던 모든 우상들을 포기해야 했습니다. 우리가 선호하는 모든 종교적 확신, 이념과 성향을 버려야 합니다. 하나님께서는 그 어떤 것도 인정하지 않으셨음을 주목해야 합니다. 모세는 믿음의 사람들이 배운 그것을 배웠습니다.

- 실패, 그 다음에 있을 미래는 온전히 하나님께 달려 있지 우리에게 달려 있는 것이 아닙니다.
- 하나님의 길은 풍성한 은혜와 자비의 길입니다.
- 그러나 그 길은 하나님의 방식에 따른 은혜와 자비의 길이지 우리의 삶의 방식에 따른 것이 아닙니다.

그러므로 하나님을 믿고, 하나님을 알며, 하나님을 위해 산다고 말하는 사람들을 마땅히 스스로를 분별하고 점검해 보아야 합니다.
믿음의 사람들은 스스로의 방식으로 살아가지 않습니다. 우리는 모세처럼 자신만의 방식이 아닌 하나님이 계획하신 미래의 여정을 걸어가기를 결단해야 합니다.

。

때로는 화를 내시기도 하시는 하나님,
우리에게 우리 자신의 방식이 아닌, 하나님의 방식에 따른
은혜와 자비로 가득한 미래를 허락하소서.
하나님께서 우리와 함께 미래로 동행하심을 알고
감사와 찬양으로 응답하게 하소서. 아멘.

2nd – Wed of Lent / 07

흘러넘치는 성실

하나님이 이르시되 내가 나와 너희와 및 너희와 함께 하는 모든 생물 사이에
대대로 영원히 세우는 언약의 증거는 이것이니라
내가 내 무지개를 구름 속에 두었나니
이것이 나와 세상 사이의 언약의 증거니라
내가 구름으로 땅을 덮을 때에 무지개가 구름 속에 나타나면
내가 나와 너희와 및 육체를 가진 모든 생물 사이의 내 언약을 기억하리니
다시는 물이 모든 육체를 멸하는 홍수가 되지 아니할지라
(창세기 9 : 12 – 15)

—

본문은 심판에 대한 말씀이 아닙니다. 그것은 인간들의 죄에 대해 분노하시지만 다시 돌이켜 흘러넘치는 성실하심으로 우

리를 구원하시는 하나님에 대한 이야기입니다.

하나님에 대한 이야기는 곧 우리에 대한 이야기이기도 합니다. 당연히 당신과 나에 대한 이야기이며 우리가 살고 있는 세상에 대한 이야기입니다.

흘러넘치는 하나님의 신실하심은 바로 우리를 에워싸고 있는 모든 문제들을 고치는 하나님의 해독제입니다.

그것은 진노를 거두시고 구원하시는 하나님의 본성에 대한 증언이며, 이 세상의 수많은 문제들을 고치시기 위해 하나님께서 은혜와 긍휼로 응답하실 것이라는 초대입니다.

다음의 선물들을 깊이 생각해 보십시오.

· 가난한 사람들을 집어 삼키는 부자들을 위한 경제체제는 이제 부적절합니다.
· 바야흐로 평화의 가능성이 우리를 뒤덮고 있습니다.
· 전쟁과 폭력에 대한 오래된 욕망은 이제 지지를 받을 수 없습니다.
· 풍성한 결실이 우리를 뒤덮고 있습니다.
· 인간이 삶의 표준을 유지하기 위해 애쓰는 기술공학의 폐해는 이제 낡은 것이 되고 말았습니다.

하나님은 지금 당장 이 모든 문제들을 멈출 것을 요구하지 않으십니다. 하나님의 구원은 이 모든 것들이 부적절하고, 지지받을 수 없으며, 케케묵은 것으로 만듭니다.

무지개는 하나님의 뜻입니다. 무지개는 우리에게 동일한 아픔을 주지 않으신다는 하나님의 약속입니다. 무지개는 대양과도 같은 하나님의 신실하심을 상기시켜 주는 표징입니다. 우리는 대양과도 같은 하나님의 성실하심 가운데 살아야 합니다.

· 우리는 창조 세계가 직면한 문제를 새롭게 해결하시는 하나님으로 인해 놀라워합니다.
· 우리는 선물로 주신 창조의 질서를 충분히 인지하고 있습니다.
· 우리는 하나님의 신실하신 언약에 감사합니다.

이스라엘 백성이 광야 생활을 마치고 법궤를 약속의 땅에 내려놓던 그날을 상상해 보십시오. 이제 하나님의 약속에 부합하는 새로운 삶을 향한 노력을 기울일 때입니다. 그것이 우리가 해야 할 일입니다. 하나님의 성실하심이 물이 바다를 덮음같이 지금도 우리 가운데 흘러넘친다는 사실을 잊지 말아야 할 것입니다.

○

기억하시는 하나님,
사순절에 우리에게 창조를 향한 당신의 신실하심을 베풀어 주소서.
당신의 신실하심에 잠겨 그에 걸맞는 새로운 삶을 살도록 도와주소서. 아멘.

2nd - Thu of Lent / 08

나를 넘어선 시선

이에 예수께서 대답하여 이르시되

여자여 네 믿음이 크도다 네 소원대로 되리라 하시니

그때로부터 그의 딸이 나으니라

(마태복음 15 : 28)

—

예수님은 자신이 알고 교제하던 사람들을 넘어서, 자신이 알고 실천하던 계명을 넘어서, 자신이 물려받은 전통을 넘어서 알지 못하던 그 누군가에게 다가가셨습니다.

오늘 읽은 말씀에서 뭔가 강력한 어떤 것이 예수님에게 일어나고 있음을 주목하십시오. 여인은 계속해서 예수님에게 간

청합니다.

여인은 '내부인들'에게 교훈을 주는 '외부인'입니다. 여인은 예수님에게 아직 품지 않은 큰 소명을 상기시켜 드리고 있습니다. 예수님은 기꺼이 여인이 상기시키는 보다 큰 소명을 받아들이십니다.

예수님은 메시야로서의 자신의 소명과 위임을 다시 생각하시는 것을 볼 수 있습니다. 예수님은 온전하고 신실한 하나님의 뜻이 자신의 영역을 넘어서 타인에게로 나아가는 것임을 깨닫게 됩니다. 예수님은 이제 새로운 방식으로 '인간들의 모임'에 참여하십니다.

저는 이것이 우리의 미래를 위한 중요한 의제라고 믿습니다. 우리는 '타인'과 적당히 거리를 두고 살아갑니다. 동시에 우리는 우리의 신앙이 그러한 경계를 넘어설 것을 요청한다는 점도 잘 알고 있습니다.

우리 가운데 어떤 이들은 우리를 위협하는 타자들을 포용하기 위해 그에 따르는 위험을 기꺼이 감수하기도 합니다.

본문말씀은 하나님의 사랑과 치유와 정의의 복음이 우리와 비슷한 부류의 사람들만을 위한 것이 아니라는 것을 말해 줍니다. 제가 상상하는 이 이야기의 결말은 예수님의 독백으로 끝이 납니다.

'나를 넘어서 타인에게 다가가야 한다는 생각을 미처 하지 못했구나!'

하나님께서는 그분의 위대하신 권능의 힘으로 우리를 이끄실 뿐 아니라 '타인'의 말과 존재를 통해 이끄시기도 합니다. 타인을 소외시키는 규제들은 하나님의 포용력으로 타인에게 향하는 우리를 막을 수 없습니다. 우리는 이방인, 나그네, 고아와 과부들의 이웃입니다. 이들 모두는 치유가 필요합니다.
하나님께서는 익숙한 삶의 영역을 넘어서 "여인의 딸이 즉시 나으니라"라는 놀라운 고백이 있는 그곳으로 우리를 부르십니다.

o

공동체로 모으시는 하나님,
우리를 부르셔서 우리의 왜곡된 돌봄의 영역을 넘어가게 하소서.
우리를 부르셔서 이웃들, 타인들, 국외인들, 상처받는 이들에게 나아가게 하소서.
이들에게 하나님의 긍휼을 실천하게 하소서. 아멘.

2nd-Fri of Lent / 09

웃음의 거품

지금 우는 자는 복이 있나니
너희가 웃을 것임이요

화 있을진저 너희 지금 웃는 자여
너희가 애통하며 울리로다
(누가복음 6 : 21b, 25b)

—

예수님은 "화 있을진저"라고 선포하시면서 '지금 웃는 자'를 비판하셨습니다. '지금 웃는 자'들은 지금의 질서를 이용하여 이득을 취하는 사람들을 말합니다. 그들은 항상 확신으로 가득하여 배불리 먹고 사람들과 긍정적인 이야기를 나누며 편안히 침대에 누워 잠을 청합니다.

예수님은 '지금 웃는 자'들에 대해 말씀하십니다.

"너희가 애통하며 울리로다"

"너희의 웃음 소리는 멈추게 될 것이다. 웃음의 거품이 사라지면 틀림없이 슬픔 속에 빠질 것이며, 너희는 상실을 겪을 것이다. 유대 종교당국의 폐쇄적인 통제는 지속되지 못할 것이고, 로마 제국은 모든 제국과 마찬가지로 곧 멸망할 것이기 때문이다. 그러면 너희는 지금의 모든 것을 **빼앗기게** 될 것이다."

애통과 울음은 마지못해 하는 포기와 관련이 있습니다. 우리는 늘 마지못해 포기합니다. 교회 안에서 동성연애자들을 받아들이는 문제는 성에 대한 갈등이라기보다는 본능적으로 익숙함을 고수하고 유지하려는 경향과 관련이 있다고 생각합니다. 우리는 익숙함에서 편안함을 느낍니다. 그래서 변화를 최대한 미루는 '지연전술'을 펼칩니다.

우리는 교회 내에서 동성애 문제가 명료해지면 무슬림과 이민자 문제와 같이 사회에서 쟁점이 되는 또 다른 문제들을 계속해서 찾아 자신들의 마지못한 포기를 유보하려 합니다.

인간이면 누구에게나 있는 공통적인 유혹입니다. 제가 아는 사람 어느 누구도 자신이 소중히 여기는 것을 기꺼이 포기하려 하지 않습니다.

나중에 웃으십시오! 그것이 부활의 웃음입니다. 그것은 탐욕, 폭력, 불안, 착취의 형태로 오는 모든 죽음의 권세가 패배할 때 주어지는 웃음입니다.

교회는 탐욕, 폭력, 불안, 착취 등 죽음의 옛 세상을 넉넉한 마음으로 포기하는 제자들의 몸입니다. 우리는 부활의 질서와 하나님의 새로운 통치가 도래하는 것을 목격할 수 있습니다.

내가 몸담고 있는 교회가 공허한 기쁨, 번영, 그리고 허황된 확신을 추구하는 '지금 웃는' 운동에 참여하기를 거절한다면 어찌 되겠습니까? 교회가 세상에서 관심 두지 않는 이들의 상실을 위로하고, 그들의 애통을 인식하는 장소가 된다면 어찌 되겠습니까?

그렇게 애통을 다룰 때 우리가 꿈꾸는 희망은 현실이 될 것입니다.

o

오, 하나님,
우리를 굳건하게 하셔서 옛 세상을 포기하게 하소서.
그리하여 애통의 반대쪽에서
희망과 기쁨의 선물을 받을 수 있게 하소서.
아멘.

2nd-Sat of Lent / 10

안일을 뒤흔드는 비전

웃시야 왕이 죽던 해에 내가 본즉
주께서 높이 들린 보좌에 앉으셨는데 그의 옷자락은 성전에 가득하였고
스랍들이 모시고 섰는데…… 서로 불러 이르되
거룩하다 거룩하다 거룩하다 만군의 여호와여
그의 영광이 온 땅에 충만하도다 하더라
(이사야 6 : 1-2a, 3)

―

오늘 본문말씀이 하나님의 묵시, 계시임을 깊이 인지하고 묵상할 필요가 있습니다. 말하자면 말씀에서 펼쳐지는 광경을 이해하기보다는 우리가 해석할 수 없는 낯선 신비를 존중할 필요가 있다는 뜻입니다. 여기서 만나는 하나님은 우리에게 결코

친숙하지 않은, 또다른 의미에서 '거룩하신 하나님'이십니다. 묵시는 시, 신화, 이미지, 환상, 묵시, 꿈과 같은 형식으로 표현됩니다. 일상에서 일어나는 많은 일들 가운데 갑자기 하나의 사건이 선명해지면서, 놀라운 깨달음이 되는 것은 한순간의 일입니다. 의도하지 않은 놀라운 그 찰나를 경험하였다면 그 순간에 모든 것이 완전히 새롭게 보이게 됩니다.

묵시 가운데에는 이스라엘 백성을 꾸짖고 바른길로 돌아오기를 촉구하는 말씀이 있습니다. 말하자면 그것은 '이 땅을 심판하기 위해' 주어진 하늘의 말씀입니다. 거룩하신 하나님은 이스라엘이 순종하지 않을 것을 아시면서도 그들을 불러 '보고 듣고 돌아서게' 하십니다.

이사야서 전체를 보면 6장 1~8절은 40장 1~11절과 조화를 이루고 있습니다. 이사야는 40장의 말씀에서 야훼를 두 번째 대면하고 '평화와 안녕'의 말씀을 듣습니다.

6장 1~8절이 1~39장에 등장하는 '심판'의 주제를 제시하듯이, 40장 1~11절은 40~66장에서 표현된 '평안'의 주제를 제시합니다. 이 두 주제는 서로 긴장을 이루고 있습니다.

마치 6장 1~8절이 예수님의 수난의 사건인 '성금요일'과 조화를 이루고 있듯이, 40장 1~11절은 '부활절'과 조화를 이룹니다.

우리는 성금요일의 수난이 부활절의 기쁨에 앞서서 온다는 점을 진지하게 생각해야 합니다. 우리는 고통에 먼저 주의를 기울여야 합니다.

하나님의 거룩하심은 우리를 위험에 놓이게 합니다. 하지만 참된 왕께서 가까이 오셨다는 것을 인식할 때 우리도 주어진 고통을 정당한 것으로 이해하고 견딜 수 있습니다.

o

우리에게 낯선 분으로 오시는 거룩하신 하나님,
당신의 임재의 권능으로 우리의 모든 기대들을 뒤집으소서.
우리가 당신의 위험스러운 말씀을 듣고 받아들이게 하소서.
그리하여 당신의 평안의 말씀도 받게 하소서.
아멘.

2nd-Sun of Lent / 사순절 둘째 주일

한밤의 도둑같이

여호와께서 임하여 서서 전과 같이 사무엘아 사무엘아 부르시는지라
사무엘이 이르되 말씀하옵소서 주의 종이 듣겠나이다
(사무엘상 3 : 10)

─

저는 소년 사무엘의 말씀에서 고요하고 묘한 순간을 발견하였습니다. 사무엘의 행동은 밤에 일어났습니다. 그는 누워 있고, 성전의 등불은 타오르고 있습니다.

그런데 상상해 보십시오.
성경의 '밤'이라는 단어를 '내리막 때'를 표현하기 위한 은유라

고 생각한다면, 우리의 참된 만남은 밤에 일어납니다. 밤은 볼 수 없고, 통제할 수 없는 시간입니다. 밤은 그림자들이 어른거리기에 아이들이 소스라치게 놀라는 시간입니다.

밤은 사물들이 분명히 보이지 않고 또 다 설명할 수 없는 시간입니다. 밤은 공포를 느끼는 시간입니다. 그래서 우리는 어두움을 몰아내기 위해 등불을 밝힙니다. 밤은 통제할 수 없는 시간이기도 합니다. 넋이 나가게 할 만큼의 어두운 과거와 두려운 미래가 우리를 덮칩니다. 우리는 악몽을 꿉니다.

밤은 당혹스러운 시간입니다. 소년 사무엘은 사태를 파악하지 못했습니다. 늙은 엘리 제사장은 사태를 더디게 파악했습니다. 일상과 다른 그 밤, 모두는 당혹스러워 합니다. 인류학자들은 이런 사태를 일러 의식이 한계에 이르는 '임계점'이라 부릅니다. 이 시점에서 우리는 요동치는 감정과 함께 완전히 새로운 차원을 경험하게 됩니다.

제가 지금 이것을 말하는 이유가 있습니다. 우리 사회에서 교회는 명쾌한 대답들과 확신을 제공하는 곳으로 인식되고 있습니다. 우리도 교회에서 제공하는 안정과 절대적인 확신에 머무르게 됩니다. 그 결과 우리의 정신은 어떤 변화의 기회를 얻지 못합니다.

진보적인 신앙인들도 보수적인 신앙인들도 마찬가지로 '안정'을 추구합니다. 그러나 교회 안에도 자주 밤이 찾아옵니다. 당혹, 혼란, 임계점, 요동의 시간들 말입니다. 그러나 그런 어둠의 때에 하나님께로부터 어떤 새로운 것이 한밤의 도둑과 같이 임합니다.

오늘 읽은 성경 말씀은 우리에게 가르쳐 줍니다.
거룩함은 너무 지나치게 대낮같이 명료하고 확실한 것으로만 이해되어서는 안 됩니다. 오히려 그것은 한밤에 느껴지는 어떤 당혹감으로도 이해될 수 있어야 합니다.
한밤, 그런 고요하고 묘한 순간에 우리는 하나님의 음성을 분별하고, 하나님의 양육과 소명, 그리고 약속과 치유를 경험하게 되는 것입니다.
소년 사무엘처럼 이곳을 밤의 장소로 생각해 보십시오.
바로 그때 우리의 이름을 부르시는 하나님의 새로운 음성을 들을 수 있습니다.

한밤의 도둑과 같이
거룩한 하나님께서는 어둠 가운데 우리에게 오십니다.
우리의 기대와 확신을 깨트리십니다.
삶의 당혹스러움에 우리의 마음을 열고
하나님의 지혜에 우리의 눈이 열리게 하옵소서. 아멘.

… 2nd – Mon of Lent / 11

보고, 사랑하고, 따르기

한 가지 아는 것은 내가 맹인으로 있다가 지금 보는 그것이니이다
(요한복음 9 : 25b)
—

말씀에서 유대 종교 당국자들과 비로소 보게 된 사람 사이의 대치는 하나의 극적인 상황을 연출합니다. 이 대치의 한쪽에는 '기성 체제의 진리'가 있습니다. 그것은 모든 대답들을 가지고 있다고 자만하면서 모든 것의 자리를 정하려고 하고, 모든 것을 통제하면서, 가지고 있는 권리를 공고하게 하려고 합니다. 이에 반해 다른 한쪽에는 예수님과 그의 사람들에 의한 '새롭고 설명할 수 없는 가능성'이 있습니다.

자, 우리 스스로를 이 위대한 드라마의 참여자로 생각해 보십시오.

예수님 앞에는 그를 따르는 새로운 생명을 지닌 사람들과 그를 거부하는 옛 진리의 옹호자들이 함께 서 있습니다.

그들 모두는 각각 예수님에 대해 입장을 정해야 합니다. 이 이야기에서 보게 되었다는 것은 예수님을 받아들이는 것이고, 눈이 먼 채로 사는 것은 예수님을 거부하는 것입니다.

바야흐로 우리는 복음의 새로운 가능성과 옛 진리의 통제 앞에 서 있습니다. 안식일 규례와 같은 통제적인 옛 진리는 많은 형식을 취합니다. 그것은 특권과 권력과 통제의 옛 세계일 수도 있습니다. 그것은 안정된 교회 정통주의의 옛 진리일 수도 있습니다. 그것은 삶을 소유와 먹는 것으로 축소시키는 시장 이데올로기의 옛 주문일 수도 있습니다.

그것은 인종, 계급, 그리고 젠더에 따른 특권의 옛 병리일 수도 있습니다. 부모에 의해 당신에게 주어진 옛 이미지일 수도 있습니다. 옛 진리들은 하나님의 사랑이 가져다주는 자유와 기쁨을 누리는 것을 막아 왔습니다.

보지 못하다가 보게 된 사람이 모든 옛 진리에 맞서서 서 있습니다. 그는 예수님에 의해 전혀 예상하지 못했던 새로운 생명으로 옮겨진 자신의 새로운 육체적 상태를 증언했습니다.

예수님은 다른 삶의 방식으로의 초대요, 기회요, 부르심입니다. 우리는 이 부르심에 반응해야 합니다.

우리는 예배를 드리고 감사를 드리며, 순종하고 증언합니다. 우리는 외칩니다.

내가 바로 과거에 눈멀었던 그 사람입니다. 설명할 길이 없지만 저 역시 시력을 돌려받았습니다.

우리는 더욱 분명히 봅니다. 이제 우리는 보게 해 주신 그분을 더욱 친밀하게 느끼고 사랑합니다. 나아가 우리는 다른 사람들을 보게 하면서 그분을 따릅니다. 분명히, 친밀히, 가까이 다가갑니다. 이는 우리가 살아가는 삶의 진리입니다.

o

하나님,
당신은 복된 삶을 세상 속으로 불어넣으시는 분이십니다.
우리가 볼 수 있도록, 서로 사랑할 수 있도록, 주님을 따를 수 있도록 도우소서. 아멘.

2nd-Tue of Lent / 12

참된 자기 부인

무리와 제자들을 불러 이르시되
누구든지 나를 따라오려거든 자기를 부인하고 자기 십자가를 지고
나를 따를 것이니라
누구든지 자기 목숨을 구원하고자 하면 잃을 것이요
누구든지 나와 복음을 위하여 자기 목숨을 잃으면 구원하리라
사람이 만일 온 천하를 얻고도 자기 목숨을 잃으면 무엇이 유익하리요
(마가복음 8 : 34-36)

—

예수님의 말씀들은 준엄하고도 부담스럽습니다. 그래서 예수님의 말씀을 따르며 많은 오해가 빚어지기도 합니다. 그 대표적인 예가 "자기를 부인하라"입니다.

자기 부인은 특히 경건주의적이고 도덕주의적인 수도사들이 지켜야 할 지침이었습니다. 그들에게 자기 부인이란 자신을 다스려 금욕하고 절제하여 애써 "아니오"라고 말해야 하는 것으로 여겨졌습니다. 말하자면 사순절에 아이스크림을 먹는다든지 성금요일에 고기를 먹는다든지 주일에 영화 보는 것을 포기하는 것처럼 매우 좋아하고 즐기는 어떤 것을 하지 않는 것으로 오해되었습니다.

물론 이런 실천 자체가 나쁜 것은 아닐 것입니다. 그러나 예수님이 말씀하신 본래의 뜻은 아니라는 것입니다. 제자로의 부르심은 우리의 감정을 억누르거나 불편하게 하는 프로그램이 아닙니다.

자기 부인에 대하여 어떤 이들은 은밀한 내면으로 깊숙이 들어가 자주 자신을 증오해야 한다든지, 자기에 대해 나쁜 감정을 가진다든지, 자신의 실패와 죄책을 곱씹는다든지, 자신의 가치를 부정해야 하는 것으로 받아들이곤 합니다. 그러나 이것도 예수님이 말씀하시고자 했던 뜻이 아님은 분명합니다.

예수님은 온갖 좋은 선물들을 주시는 풍성하신 창조주 하나님께서 당신의 삶의 중심을 아신다고 말씀하십니다. 아울러 나 혼자서는 선한 삶을 살 수 있는 자원이나 능력을 지닐 수 없다고 말씀하십니다.

자기를 부인하는 것은 내가 자아의 출발자일 수 없고, 자기 충족의 주체가 될 수 없으며, 스스로 성취하거나 자신을 안전하게 할 수 없음을 인식하고 인정하는 것을 뜻합니다.

창조주 하나님을 중심으로 삼지 않는, 자기 혼자만의 노력은 결국에는 고립과 두려움과 탐욕과 야만과 폭력으로 귀결될 것입니다. 하나님께서는 우리를 그렇게 만들지 않으셨기에 우리의 삶은 우리가 생각하는 대로 작동하지 못할 것입니다.

설령 모든 소비 광고들이 나 자신을 위한 삶을 살 것을 말할 때에도 세상의 가치로는 당신이 원하는 방식의 삶을 얻을 수 없습니다.

진정한 자아를 찾기 위해서는 삶의 중심을 나에게서 하나님께로 돌려야 합니다. 하나님께서는 우리가 우리 자신을 사랑하는 것보다 더 우리를 사랑하시고, 우리가 필요로 하는 것보다 더 풍성히 베풀어 주시며, 잘못되고 부적절한 자아 인식으로 인해 불안과 굶주림에 처한 사람들을 자유롭게 하시는 분임을 아는 것이 중요합니다.

올바르게 부인된 자아는 하나님께로부터 받은 선물을 감사함으로 받고, 순종과 찬양으로 하나님께 영광을 돌리는 자아입니다.

○

우리 삶의 중심에 계신 하나님,
우리의 참된 삶은 오직 당신 안에 있습니다.
우리가 생명이 아닌 모든 것에서 자유롭게 하시고
당신에게 속하지 않은 모든 것에서 자유롭게 하시며,
십자가를 통해 주어진 자유 안에서 살게 하소서.
아멘.

3rd – Wed of Lent / 13

이웃 종교

내가 기뻐하는 금식은 흉악의 결박을 풀어 주며 멍에의 줄을 끌러 주며
압제당하는 자를 자유하게 하며 모든 멍에를 꺾는 것이 아니겠느냐
(이사야 58 : 6)

—

사순절은 우리가 망각하고 지냈던 신앙의 내용에 대한 냉철하고 이성적인 성찰을 위한 시간입니다.
성경은 하나님의 공동체가 세상에서 바르게 기능하기를 간절히 원하십니다. 그리고 성경은 공동체가 제기능을 하기 위해서는 얼마나 비싼 대가를 요구받는지를 우리에게 말씀하고 있습니다. 그 대가는 특권을 지닌 이들에 대한 혹독한 비판입니다.

하나님께서는 실로 가난한 사람들, 굶주린 사람들, 가정을 잃은 사람들, 벌거벗은 사람들을 위한 '생명의 보호자'이십니다. 이들이 소외되지 않는 도시는 하나님이 참 보호자가 되십니다. 이사야의 말씀은 다음과 같이 끝맺고 있습니다.

그리하면 네 빛이 새벽같이 비칠 것이며
네 치유가 급속할 것이며 네 공의가 네 앞에 행하고
여호와의 영광이 네 뒤에 호위하리니
네가 부를 때에는 나 여호와가 응답하겠고
네가 부르짖을 때에는 내가 여기 있다 하리라
(사 58 : 8-9)

우리가 참된 경건을 행할 '때에는' 우리의 빛을 비추라고 말씀합니다. 치유가 분출되리라고 말씀합니다. 두려움과 증오와 잔인함의 치유가 일어나리라 말씀합니다. '그때' 우리의 공의가 행해지리라고 말씀합니다. 이전이 아니라 바로 '그때'에 네가 형통과 평안, 영광과 안녕 가운데 솟구칠 것이라 하십니다. 그러나 이 모든 것은 참된 경건을 행하지 않고는 이루어지지 않는다고 말씀합니다.
네가 부르짖을 그때에는 하나님께서 응답하실 것입니다. 하나님께서 참된 공동체, 올바른 복, 안전한 백성으로 가득한 채

너와 함께 하리라고 말씀합니다. 이러한 복과 임재는 너무 약한 나머지 스스로 그것을 가질 수 없는 사람 모두를 위한 정의입니다.

하나님의 약속은 여기 지금, 당신을 위한 것입니다. 그러나 그 약속은 진정한 인간다움의 금식이 행해지지 않는 도시에는 어떤 지름길도 빛도 허락하지 않습니다. 인간다움의 금식은 부활의 조건입니다.

부활절에는 하나님의 모든 자녀들이 새 생명에 이르게 되는 상상을 해 보십시오. 하나님의 자녀인 우리들에게 새로운 도시가 위임됩니다. 그곳에서 우리는 참된 경건과 함께 참된 경제 그리고 참된 공동체로 초대 받았습니다. 그 도시에서 사람들은 빛으로 찬연하고 강력한 공동의 신앙을 지니고 있으며, 공유된 인간다움 속에서 사랑을 나눕니다.

그 빛이 우리에게도 약속되어 있습니다. 참된 공동체를 위한 깊은 영성이 우리에게 요구되고 있습니다.

o

주님,

착취 받고 억눌린 사람들의 부르짖음을 외면하는 종교에서 우리를 구해 주소서.

불의에 도전하고 진정으로 인간다운 사회를 건설하기 위해 반드시 치러야 할 희생을 감당하는 깊은 신앙으로 우리를 이끌어 주소서. 아멘.

3rd-Thu of Lent / 14

하나님께 붙들려

내 평생에 선하심과 인자하심이 반드시 나를 따르리니
내가 여호와의 집에 영원히 살리로다
(시편 23 : 6)

―

"선하심과 인자하심이 나를 따르리니"
하나님의 인자하심이 우리를 뒤따르고 좇으며, 붙잡고 지탱합니다. '따르다'라는 동사는 강력한 능동태의 표현입니다. 하나님의 강력한 사랑이 우리를 좇습니다.
그러나 우리는 그 사랑으로부터 달아납니다. 우리는 회피하려고 합니다. 우리는 하나님의 선하심을 두려워합니다. 왜냐하면 하나님의 선하심이 우리를 따를 때 우리는 더 이상 스스로를 마음대로 통제할 수 없기 때문입니다. 우리는 하나님의 사랑을 신뢰하지 않습니다. 우리 자신의 노력이 하나님의 인자하심보다 낫다고 생각합니다.

사순절은 달아나기를 멈추고 하나님의 사랑에 붙잡히고 그 품에 안겨야 할 때입니다. 마치 안전한 초장에 있는 양과 같이, 기대하지 못한 풍성한 양식을 제공받은 여행자처럼 말입니다. 하나님께서는 우리의 삶이 끝없는 불안에 매몰되도록 내버려두지 않으십니다. 그래서 우리는 하나님의 사랑의 품에 안겨야 합니다. 그것은 하나님께 붙잡히는 것을 수반합니다.

"내가 여호와의 집에 영원히 거하리로다"

다시 말하면 '내 온 생애 동안' 하나님의 집에 거하리라는 뜻입니다. 우리의 삶에 교회가 차지하는 비중이 매우 클지 모릅니다. 하나님과 깊은 교제 가운데 살지도 모릅니다. 하나님의 생명으로부터 떠나지 않을지도 모릅니다. 우리는 본디 하나님께로부터 동떨어진 삶을 살고 싶은 열망을 지니고 있지 않기 때문입니다. 왜 우리가 떠나기를 바라겠습니까?

결론이 달콤하고 현실적이지 않다고 생각할지도 모르겠습니다. 아니면 적어도 더 이상 피하려 들지 않는 나이 들고 지친 사람들에게만 해당한다고 생각할지도 모르겠습니다.

그러나 그 반대입니다. 우리가 "반드시 있어야 할 자리로 내려올 때" 여호와의 집에 영원히 거하겠다는 결론은 성숙한 삶에 대한 성찰입니다.

우리가 너무나 잘 알고 있는 시편 23편의 마지막 문장은 삶의 참된 기쁨과 목적은 하나님을 사랑하고, 하나님께 사랑을 받으며, 혼자가 아니라 하나님과의 교제 한가운데 있음을 말합니다.

세상의 많은 욕망들은 우리를 유혹합니다. 그러나 이런 욕망들은 결코 선한 삶의 구성요소가 아닙니다. 시편 23편에서의 주제는 첫 문장에 담겨 있습니다. 양은 목자를 신뢰하고 그 외에 아무것도 바라지 않습니다.

사순절은 우리의 무감각에 주목하고, 우리의 신앙을 성찰하는 시간입니다. 사순절 기간 동안 지금까지와는 다르게 살기를 바랍니다. 아마 처음일지도 모르겠습니다. 당신의 불안, 탐욕, 두려움, 자기통제를 이겨 낼 수 있는 여러 가지 방법들을 시도해 보기 바랍니다.

선한 목자의 양으로, 하나님의 좋은 골짜기의 여행자로, 하나님이 주신 좋은 집에 편안히 거하는 시민이 되어 봅시다. 그러면 우리는 자유로워지고 기쁘게 되며, 관대해지고, 삶의 불편

함에서 자유로워지며, 감사하게 될 것입니다.
오직 하나님의 임재를 갈망합시다. 그러면 우리는 결코 중요하지 않은 모든 겉치레의 욕망에 예전과 같이 유혹되지 않을 것입니다.

○

선한 목자이신 하나님,
우리를 붙잡아 주소서.
당신의 사랑의 품에 우리를 품으소서.
우리를 도우셔서 당신을 그 어떤 것보다
신뢰하고 바라게 하소서.
우리로 당신 안에서 삶의 기쁨과 자유를 알게 하소서.
아멘.

공허함의 처방전

그런데 바리새인 중에 니고데모라 하는 사람이 있으니
유대인의 지도자라
그가 밤에 예수께 와서 이르되
랍비여 우리가 당신은 하나님께로부터 오신 선생인 줄 아나이다
하나님이 함께 하시지 아니하시면
당신이 행하시는 이 표적을 아무도 할 수 없음이니이다
(요한복음 3 : 1-2)
—

예수님과 니고데모 사이의 만남은 극적입니다. 아마 니고데모는 호기심으로 예수님을 보기 위해 온 듯합니다. 그러나 그 이상의 동기가 있을 가능성이 있습니다. 바리새인이며 유대인의

지도자였던 니고데모가 밤에 예수님을 만난 것은 공적으로 커다란 위험을 감수해야 하는 일이었기 때문입니다.

제가 보기에는 니고데모의 직업이 무엇이든지 간에 그는 해결되지 않는 문제를 지니고 있었습니다. 그래서 자신의 리무진을 타고 예수님을 만나기 위해 간 것입니다.

그는 모든 것을 가지고 있었습니다. 그러나 그는 의문이 들었습니다.

"그것이 전부란 말인가? 보다 더 중요한 어떤 것이 있는 것은 아닌가? 그렇다면 다른 어떤 것은 무엇인가? 나는 올바른 길로 가고 있는가?"

사회적으로 성공한 일류 엘리트가 은밀한 만남을 시도한 이유는 무엇입니까? 그가 사는 현실에 대한 '괴로움'이 있었음에 틀림없습니다. 예수님은 니고데모의 고민이 결코 한가한 것이 아님을 아셨으며 그것을 치유하셨습니다.

예수님은 그의 학문적 지식과 경험들을 무시하시고, 그를 괴롭게 하는 마음의 공허함에 대한 처방전을 주십니다. 예수님께서 그에게 말씀하십니다.

"당신은 처음부터 다시 출발해야 하오. 당신은 중생해야 하오. 거듭 나야 한다는 말이오. 위로부터 거듭나야 하오. 당신은 어린아이처럼 상처받기 쉽고 순진무구하며, 의존적이 되어야 하오. 당신의 사회적 지위, 성취, 부, 평판을 내려놓아야 하오. 당신은 스스로 모든 것을 할 수 있다는 오만한 생각을 버려야 하오. 하나님의 놀라운 선물로부터 당신을 소외시키는 모든 것을 버려야 하오. '연약함', '순진무구', '의존' 가운데 '처음부터 다시 시작하시오.' 당신이 지금까지 살아온 방식이 당신으로 하여금 오만하고 허울뿐인 안전을 추구하게 하면서 당신이 그토록 갈망하는 하나님께서 주시는 온갖 생명의 선물들을 받지 못하도록 막고 있소."

사순절을 보내고 있는 우리에게 하시는 말씀 아닙니까?
우리 가운데 많은 이들이 당혹감과 압박감과 괴로움 가운데 니고데모와 같은 상황에 처해 있습니다. 니고데모처럼 당신의 삶에 찾아오는 공허함을 주의 깊게 살피십시오. 가서 구하십시오.
은밀한 만남이 마무리되자 니고데모는 자신의 리무진을 타고 자신이 살고 있는 도시로 돌아옵니다. 그는 해야 할 일이 있습니다. 그러나 자신의 머리 속에서 꽝꽝 울리는 이상한 말들을 간직한 채 그 자리를 뜹니다.

하나님이 세상을 이처럼 사랑하사 독생자를 주셨으니
이는 그를 믿는 자마다 멸망하지 않고

영생을 얻게 하려 하심이라

(요 3 : 16)

니고데모는 이것이 결코 쉬운 말씀이 아님을 이해했습니다. 나 자신을 내려놓는 '순진무구', '연약함', '의존'으로의 초대였습니다. 그것은 '십자가'와 함께한 자에게 시선을 집중한 채 '성령'에 마음을 열라는 초대였습니다. 그는 자신의 세계가 열린 것을 발견했습니다. 그는 자신의 가치관이 모순투성이임을 깨달았습니다. 그는 의문이 들었습니다.
"이것이 어떻게 가능할 수 있을까?"
니고데모는 자신의 옛 자아가 새로운 자아로 바뀔 수 있을지 의문이 들었습니다. 우리도 그와 함께 의문을 가져 봅시다.

ㅇ

오, 하나님, 이 사순절에 우리를 흔들어 주소서.
우리의 삶과 하나님께서 부르시는 삶 사이의 불일치로 일어나는 괴로움과 고민이 우리 안에서 늘어나게 하소서.
우리를 변화시키셔서 새롭게 하여 주소서. 아멘.

3rd-Sat of Lent / 16

우리만이 할 수 있는 일

여호와의 말씀이 엘리야에게 임하여 이르시되
너는 여기서 떠나 동쪽으로 가서 요단 앞 그릿 시냇가에 숨고
그 시냇물을 마시라 내가 까마귀들에게 명령하여
거기서 너를 먹이게 하리라
(열왕기상 17 : 2-4)

―

본문말씀은 엘리야의 이적에 관한 이야기입니다. 엘리야는 삶에 필요한 것들로 이적을 보입니다. 그 능력은 설명되어 있지는 않고 다만 증언되어 있을 뿐입니다. 그 능력은 신앙과 기도로 연결되어 있습니다. 한 과부의 보잘것없는 신앙과 왕의 보

잘것없는 권력에 연결되어 있습니다.

엘리야에 의해 일어난 이적은 모든 관례, 판에 박힌 일, 고정관념을 깨트립니다. 새로운 소식이 왔습니다. 소년은 살아납니다. 이 이야기에서 우리에게 주어진 소식은 생명을 살리는 능력이 하나님의 종에게 부여된다는 것입니다. 생명은 우리를 통해 누군가에게 전해집니다.

우리는 새로운 삶으로 나아가는 길인 사순절을 지내고 있습니다. 그러나 지금은 수난, 고통, 죽음, 부인, 회개를 위한 시간입니다. 우리는 부활을 열망하면서도 죽음의 처지에서 생명의 선물에 대해 의문을 품습니다.

우리의 물음은 과부가 엘리야에게 물었던 것과 꼭 같습니다. 그것은 처절한 물음입니다. 엄청난 패배의 상황에서 살아가는 것이 가능합니까? 좌절과 절망의 상황에서 삶을 이어간다는 것이 가능합니까?

본문말씀을 통해 사순절에 맞는 두 가지 교훈을 얻을 수 있습니다.

첫째, 죽음 앞에서는 삶에 대한 간절함이 극대화된다는 점입니다. 우리는 희망을 잃은 과부와 죽은 그녀의 아들과 같은 이들에게 둘러싸여 있습니다. 우리도 이런 상황 속에서 생명이 다시 살아나는 힘을 열망합니다.

둘째, 우리가 잘 차려진 왕의 밥상에 익숙해진다면 우리에게 생명의 능력은 주어지지 않을지도 모릅니다. 엘리야의 능력은 그의 절제된 매일매일의 영적인 공급을 위한 식습관에서 나온 것입니다.

사순절은 평소 나와 다른 식이요법, 자양분, 충성에 대해 생각하는 시간입니다. 우리는 모두 다양한 방식으로, 현재의 자리에서 경제적으로, 종교적으로, 지성적으로, 정치적으로, 도덕적으로 유혹을 받고 길들여지며, 그것에 동화됩니다. 그것이 바로 우리의 삶입니다. 세상에 동화된 사람들은 결코 새로운 삶을 살아갈 능력을 지니지 못합니다.

우리 모두를 위한 사순절의 의제는 이것입니다.
"왕의 권력으로도 할 수 없는 일을 우리가 할 수 있습니까?"
삶은 하나님이 우리에게 주신 것입니다. 그것은 값싸게 또는 무작위로 주어지는 것이 아닙니다. 하나님의 분배 방식은 세상 권력의 분배 방식과 같지 않습니다.

다시 살아난 아들을 보며 과부가 놀라는 것은 당연한 일입니다. 그것은 하나님으로 인해 회복된 새로워진 희망과 기쁨과 평안과 관계가 있습니다.

생명의 삶은 세상과 깊이 동화되지 않기 위해 애써 기도하는 사람들에게 약속되어 있습니다. 그리고 하나님이 주시는 그 삶을 통해 왕이 결코 할 수 없는 능력을 우리에게 부어 주십니다.

o

이 사순절에 삶을 위한 참된 능력의 원천을 다시 가르치소서.
우리를 영적인 양식으로 먹이셔서
활력과 용기와 자유와 권위로 채우소서.
우리로 이 세상을 치유하는 당신의 대행자가 되게 하소서. 아멘.

3rd-Sun of Lent / 사순절 셋째 주일

새로운 노래, 새로운 현실

내가 산들과 언덕들을 황폐하게 하며
그 모든 초목들을 마르게 하며
강들이 섬이 되게 하며 못들을 마르게 할 것이며
내가 맹인들을 그들이 알지 못하는 길로 이끌며
그들이 알지 못하는 지름길로 인도하며
암흑이 그 앞에서 광명이 되게 하며
굽은 데를 곧게 할 것이라
내가 이 일을 행하여 그들을 버리지 아니하리니
(이사야 42 : 15-16)
—

여러분은 포로 상태에서 이러한 시를 쓰고 노래로 만들어 부르는 것을 상상할 수 있습니까? 여러분은 이런 대담한 그림을 그려 보면서 제국을 부정하는 것을 상상할 수 있습니까? 여러분은 바벨론 군인들의 콧등 바로 밑에서 이런 노래를 부를 수 있습니까? 여러분은 제국에 대항하는 새로운 노래를 감히 부를 수 있습니까?

새로운 용기, 새로운 신앙, 새로운 활력, 새로운 순종, 그리고 새로운 기쁨으로 초대하는 예배 가운데 찬양으로 그려진 새로운 현실을 생각해 보십시오.

이 노래는 현실을 뒤집는 개혁의 의미를 담고 있습니다. 새 노래는 세상을 결코 지금의 모습으로 묘사하지 않습니다. 새 노래는 앞으로 도래할 하나님의 선한 시간 안에서 세상이 어떻게 존재할지 상상하게 합니다. 새 노래는 세상이 지금 존재하는 방식에 대한 저항입니다. 새 노래는 현재의 세상을 그대로 받아들이기를 거부합니다.

그것은 이 세상이 올바르다거나 현재가 지속될 것이라는 믿음을 거부하는 것입니다. 새 노래가 불릴 때 교회는 언제나 가장 자유롭고 담대하지만 또 그만큼 위태롭고 위험합니다. 오히려 그렇기 때문에 더욱 교회는 복음의 권세가 이 세상을 현재 상태 그대로 내버려두지 않을 것을 노래해야 합니다.

우리는 사회 속에서 활력과 용기를 상실하고 점점 영향력을 잃어 갑니다. 우리는 포로 상태에 있던 이스라엘 사람들과 별반 다르지 않습니다. 추진한 개혁들은 그다지 영향력을 주지 못하고, 혼비백산하여 흩어진 상황입니다. 권력자들은 자신들에게 저항할 것을 염려하여 우리를 에워싸고 있는 모든 정책들과 관행들을 죽음의 두려움으로 몰아갑니다. 우리는 나약함과 공허감 가운데 절망을 향해 더 가까이 다가갑니다.

많은 상황들을 고려해 볼 때 어떤 커다란 변화를 기대할 수 없는 것으로 보입니다. 신앙의 공동체가 그나마 매우 작은 일을 시도할 때에도, 애초에 변화는 그들의 관심 밖의 일입니다. 그렇지만 신앙의 공동체는 새 노래를 불렀습니다. 신앙의 공동체는 복음의 약속이 제국의 그림자 속으로 가라앉게 내버려두기를 거절하는 대항의 노래를 불렀습니다.

새 노래는 저항입니다. 새 노래는 담대한 선포입니다. 복음의 하나님께서 세상을 새롭게 하시고 눈먼 자, 가난한 자, 궁핍한 자, 두려움에 떠는 나라들과 죽음의 공격을 받고 있는 창조세계를 온전하게 할 계획과 의지를 지니고 있음을 선언하는 담대한 선포입니다.

이 노래는 하나님의 선하심이 죽음의 상태에 대항할 것을 선포합니다. 이 노래는 우리의 현재에 대항하는 하나님의 미래를 선포합니다. 이 노래는 우리의 끊임없는 변덕에 대한 하나님의 집요하신 신실하심을 선포합니다.

。

오, 하나님
포로 생활 가운데서 당신을 찾습니다.
우리에게 새 노래를 가르치소서.
죽음의 길들에 대항하고
당신의 신실하심과 당신께서 이루시는
새로운 삶을 찬양하게 하소서. 아멘.

3rd-Mon of Lent / 17

죽음의 굴레와 복음의 드라마

두 사람도 길에서 된 일과 예수께서 떡을 떼심으로
자기들에게 알려지신 것을 말하더라
(누가복음 24 : 35)

—

종교개혁자들의 설교가 세 가지 강조점을 지니고 있다는 점을 아십니까? 이 세 가지는 중요한 신학적 논점을 가지고 있습니다.

· 우리는 죽음의 속박에 사로잡혀 있습니다.
· 우리는 하나님의 권능에 의해 구원받았습니다.

· 거듭난 우리는 감사함으로 새로운 삶을 살아갑니다.

이것은 복음의 총화입니다. 만일 우리가 영적 긴장을 푼다면 자신도 모르게 우리는 다음의 세 가지 상황에 처할 수 있습니다.

· 우리는 죽음의 속박에 사로잡혀 있다는 인식을 '거부'할 수 있습니다.
· 우리는 하나님의 구원의 권능을 '부인'할 수 있습니다.
· 우리는 감사로 드려지는 새로운 삶을 '거절'할 수 있습니다.

그러나 중요한 것은 거부하고 부인하며 거절하는 우리의 무력함이 아니라, 삶이라는 드라마 속에서 하나님의 선하심에 의지하며 하루하루를 걷고자 하는 우리의 의지입니다. 세례 받은 우리가 변혁의 중심에 서서 이 드라마의 주인공으로 살아가는 증인이요 증거가 되는 것입니다.

우리는 이제 세상이 필요로 하는, 특히 치유를 위한 새로운 생명, 에너지, 정보를 가지고 길 위에 섭니다. 이를 통해 과거의 적대자들이 궁핍한 이웃들임을 알게 되고, 부족한 것같이 보였던 것이 나누어질 때 넉넉함을, 감사가 있을 때 무리를 먹이기에 충분함을 깨닫게 됩니다.

그리고 한없는 하나님의 선하심에 우리는 모든 것을 내려놓을 때 탐욕스럽고, 염려하며 강압적이고 집착하던 과거의 나에게서 멀어지는 것을 발견하게 됩니다.

우리의 삶 깊숙이 도사리고 있는 죽음이 극복되었기에 우리는 용기 있게 기쁜 마음으로 이웃을 향해 나아갈 수 있습니다. 앞에서 살펴본 종교개혁자들의 세 가지 요점은 단순히 가르침이 아니라 우리 삶의 진리이며, 선물입니다.

죽음은 더이상 우리를 두렵게 만드는 속박이 아닙니다. 그것은 삶의 여정 가운데 우리를 기쁘게 하는 감사의 물결로 변화될 것입니다.

○

주님,
우리의 삶의 식탁에서 다시 우리를 만나 주소서.
당신께서 우리를 사랑하셨듯이 너희도 서로 사랑하라고 다시 한 번 말씀해 주소서.
당신의 그 놀라운 사랑 이야기로 살아갈 수 있도록
다시 한 번 우리에게 능력을 베풀어 주소서.
아멘.

3rd — Tue of Lent / 18

우리와 다른 길

이는 내 생각이 너희의 생각과 다르며
내 길은 너희의 길과 다름이니라
여호와의 말씀이니라
이는 하늘이 땅보다 높음 같이 내 길은 너희의 길보다 높으며
내 생각은 너희의 생각보다 높음이니라
(이사야 55 : 8-9)

—

이사야의 말씀은 무엇보다 먼저 포로상태에 있는 신앙공동체에게 주어졌습니다. 그때 이스라엘은 바벨론 제국의 노예 신분이었습니다. 절망할 이유가 있었습니다. 포로상태에서 벗어날 길이 전혀 없다는 인식이 팽배했습니다. 이스라엘은 생각

할 수 있는 온갖 방도를 시도해 보았지만 모든 것이 실패로 끝났습니다.

이사야도 또 다른 길은 없다고 말합니다. 그것은 너희의 길이 아니라는 뜻입니다. 너희는 이런 대안의 길을 생각해서는 안 되거니와 또 그것을 예측할 수도 없다고 하십니다. 너희는 확실히 대안적인 길을 통제할 수 없으며, 너희의 삶에서 미래로 통하는 길은 없다고 말합니다.

하나님께서 그들의 허물에도 불구하고 그들을 위해 낯설고 놀라운 이적을 베풀어 주십니다. 그들이 할 일은 스스로의 필요와 통제의 길들을 포기하고 삶을 하나님의 크고 감추어진 길에 맡기는 것뿐입니다.

우리는 사실상 개인으로서뿐만 아니라 교회로서도 자기만족, 위안, 보호, 그리고 안전을 목표로 하는 소비주의에 매수되었습니다. 우리는 풍요의 삶을 영위하고자 합니다. 우리는 우리의 모든 자기만족을 채우려는 행동이 우리를 지치게 만들 뿐 결코 행복하게 하거나 안전하게 하지 못한다는 사실을 알고 있습니다.

세계의 정세는 군사주의에 의해, 강제력과 물리력과 위협에 의해 유지되고 있습니다. 그 결과 우리의 문화, 그 이미지와 수사는 폭력과 잔인성을 주문하는 군사적인 그림들로 넘쳐나고 있습니다. 그러나 그 어떤 것도 우리를 결코 안전하게 해주지 못합니다. 그것은 마치 바벨론 제국의 가치들, 곧 매력적인 전쟁의 꿈과 번영의 약속에 흡수되는 것과 같습니다.

그러나 이 세상의 어떤 힘도 이스라엘을 위한 것이 아니라고 이사야는 말합니다. 세상의 어떤 권력도 교회를 위한 것이 아닙니다. 세상의 어떤 것도 우리를 위한 적절한 길이 아닙니다. 그래서 이사야는 포로된 이스라엘과 우리에게 하나의 대안을 제시합니다.

세상과 다른 그 길은 세례의 물, 성찬의 빵, 새 언약의 포도주, 위험한 상황에도 불구하고 신뢰와 순종의 능력이 주어지는 곳입니다. 그 길에 적극적으로 참여할 때 우리는 하나님을 가까이서 만나게 되며, 평안과 기쁨이 넘치는 나 자신을 발견하게 될 것입니다.

○

귀향의 하나님,
사순절 여정 내내 우리와 함께하소서.
우리의 옛 길들을 버리는 법을 배우게 하셔서
당신께서 주시는 새로운 길을 걸어갈 준비를 하게 하소서.
아멘.

4th – Wed of Lent / 19

경계를 가로지르는 관용

네가 만일 네 입으로 예수를 주로 시인하며
또 하나님께서 그를 죽은 자 가운데서 살리신 것을
네 마음에 믿으면 구원을 받으리라
(로마서 10 : 9)

—

바울은 사순절에 깊이 생각해 봐야 할 신앙의 필수조건들에 대해 말합니다. 여기에 예수를 따르기 위한 두 가지의 필수조건이 있습니다.
첫째, '예수님이 주님임'을 고백하십시오.
여러분의 입술로 그렇게 하십시오. 여러분의 마음으로 그것을 믿으십시오. 하지만 이 고백은 우리가 축적해 온 온갖 권위주의의 꾸러미를 포함하지 않습니다. 권력, 제도, 우리의 신분이나 우리의 국가가 아니라 오직 예수님에 대한 충성만을 포함하고 있습니다. 그것은 어렵지만 복잡하지는 않습니다.

둘째, '하나님께서 예수님을 죽은 자 가운데서 일으키셨다'는 부활의 증언을 믿으십시오.

사순절은 부활절에 이르는 길 위의 시간입니다. 여기서 육체적 부활이냐 영적 부활이냐, 역사적 실재주의냐 은유냐에 대한 토론은 중요하지 않습니다. 단순히 십자가에 못 박은 사람들이 예수님을 죽음의 상태에 두지 못했고 또 둘 수도 없었다는 증언이 부활을 증명하고 있습니다. 중요한 것은 생명의 하나님께서 죽음의 체계를 깨트리시고 만물을 새롭게 하셨습니다. 부활의 선포는 단순히 소생에 대한 것이 아닙니다. 그것은 세상 안에서 이루어진 새로운 현실에 대한 것입니다. 새로운 현실은 두려움이나 폭력이나 특권에 의해 제약되지 않습니다. 바울은 부활의 선포에 대해 열정을 다하였습니다.

부활의 새로운 현실은 인간의 그 어떤 설명도 넘어서기 때문입니다. 우리는 우리의 삶을 새로운 현실을 여시는 살아 계신 주님께 맡길 수 있습니다.

부활에 대한 바울의 선포는 모든 것의 기초가 되는 깊고 결정적인 확신의 시작입니다. 주님께서는 만유의 주이시고 '그를 부르는 모든 사람들에게 관대하신 분'입니다. 부활의 세상을 규정하는 상징은 우리의 필요와 바람과 희망을 넘어서는 '신적이고 우주적인 관용'입니다. 바로 이 관용이 우리에게 모든 좋은 은사, 가장 놀라운 새로운 가능성의 선물을 가져다줍니다.

그곳에는 그 어떤 계급 구조도 없습니다. 그 어떤 예외적인 소유권이나 자격도 없습니다. 버스 뒤로 무임승차할 수 있는 특권이나 이방인들, 여성이나 보수주의자들이나 진보주의자들이나 동성애자들, 그 누구도 결코 배제될 수 없습니다.

하나님께서는 세상에 새로운 관용을 가져오십니다. 이 관용은 하나님 자신에 기초하고 있습니다. 하나님은 이제 교회를 불러 이 관용에 참여하라고 하십니다. 그렇게 될 때 우리가 선호하는 온갖 구별과 경계는 달라질 것입니다.

。

생명의 근원이신 하나님,
세상의 경계를 가로지르는 당신의 관용으로 우리를 이끄소서.
우리가 부활의 주님과 함께 타자들을 향해
새로운 생명을 향한 길로 나아가게 하소서.
아멘.

4th – Thu of Lent / 20

미래

보라 내 언약이 너와 함께 있으니 너는 여러 민족의 아버지가 될지라
이제 후로는 네 이름을 아브람이라 하지 아니하고 아브라함이라 하리니
이는 내가 너를 여러 민족의 아버지가 되게 함이니라
내가 너로 심히 번성하게 하리니 내가 네게서 민족들이 나게 하며
왕들이 네게로부터 나오리라
(창세기 17 : 4-6)

—

우리 신앙의 오랜 역사는 모든 성도들과 함께 하나님께서 주시는 미래로 걸어가는 이야기입니다. 사순절은 우리가 하나님과 함께 그 길을 계속 가고 있는지, 우리가 알지 못하는 사이 다른 길로 가고 있는지를 가려내기 위한 시간입니다.

지금까지 사순절은 너무나도 많이 죄책감과 회개에 지배되어 있었습니다. 그러나 여기서는 아닙니다. 사순절은 오히려 하나님의 미래로 발걸음을 내딛는 법을 배우는 시간입니다.

우리는 이제 지나간 것에 규정되지 않고, 우리가 현재까지 소중하게 생각해 오거나 두려워해 온 것에 더 이상 정신을 빼앗기지 않습니다. 사순절은 옛 사람들에게 주어진 아기 예수를 품기 위한 시간입니다. 그것은 부활절에 새로운 생명으로 부활하는 것입니다. 그것은 하나님께서 새로운 세상에 주시는 은혜입니다.

하나님의 약속이 역사 속에서 이행되어 왔는지는 무신론자들의 논리로는 알 수 없습니다. 그들은 모든 것을 꽉 죄인 합리성의 작은 꾸러미로 환원시켜 버립니다. 그들은 모든 것을 합리적으로 설명할 수 있다고 여깁니다. 근본주의자들 가운데서도 하나님의 기적을 찾지 못할 것입니다. 그들은 설명할 수 없는 하나님의 선물들을 자신들이 세운 논리의 상자 속에 가두어 버립니다.

여러분은 세상이 어리석다고 여기는 방식으로 살아가는 이들과 하나님을 신뢰함으로 살아가는 사람들의 실천들 속에서 하나님의 약속을 찾을 수 있을 것입니다.

· 하나님의 미래 속으로 모험을 감행할 준비가 된 교회 안에서

- 자본주의 체제로 자격을 잃은 사람들을 돕는 교회 안에서
- 받아들일 수 없는 환경의 사람들을 수용하는 것에서
- 이웃을 위해 자신의 시간을 사용하는 행위에서
- 세상에 어려운 진실을 말할 때, 그리고 정의롭지 못한 문화에서 그것을 실천할 때
- 폭력과 착취에 깊이 물들어 있는 세상에서 정의와 평화 실현의 태도를 지닐 때
- 지불해야 할 채무가 많이 있음에도 불구하고 이웃사랑과 자비를 위해 비용을 부담할 때
- 타인을 곤란하게 만드는 침묵과 위협 앞에서 담대하게 증언하는 삶 속에서

세상은 하나님이 이루신 약속들로 넘쳐납니다. 임신하지 못하는 여성들이 아이를 가지고, 죽음의 한가운데서 생명이 솟구치고, 상처가 치유되며, 소외가 화해되고, 노예상태에서 변하여 자유가 이루어질 때 이런 하나님의 역사를 발견할 수 있습니다. 이런 일들은 개개인이 지닌 특별함과 저마다의 고유한 방법에 맞추어 우리 주변의 모든 사람들에게서 일어납니다.
그래서 사순절 기간에 고이 묻어 둔 과거를 넘어, 소중한 현재의 안일을 넘어, 하나님께서 주시는 새로운 미래의 전망으로 나아가는 자신을 상상해 보십시오.

o

하나님,
당신은 우리에게 미래를 주시는 분입니다.
당신은 놀라운 관용으로 우리의 범주들을 깨트리시는 분입니다.
우리로 사순절에 당신께서 주시는 선물을 받을 준비를 하게 하소서. 아멘.

4th-Fri of Lent / 21

위험한 복

예수께서 눈을 들어 제자들을 보시고 이르시되
너희 가난한 자는 복이 있나니 하나님의 나라가 너희 것임이요
(누가복음 6 : 20)

—

예수님은 그의 제자들과 교회가 복이 넘치기를 원하십니다. 교회는 '복된' 사람들이 되어야 합니다. 예수님은 '복 있다'는 단어를 사용하셔서 모든 것이 만족스럽고 평화와 기쁨 가운데 있는 상황을 표현하십니다. 이 단어는 아기가 태어남을 표현할 때 사용되기도 합니다. 아기 탄생의 의미는 모두의 기쁨과 기대가 있으며, 세상을 순수하게 바라보며, 새롭게 시작할 수 있

기에 참으로 복된 일입니다. 이것이 예수님께서 제자들이 누리기를 바라시던 종류의 안녕입니다. 그러나 예수님이 생각하시는 복은 이것이 전부가 아닙니다. 그분은 제자들에게 "전혀 다른 종류의 삶을 살라"는 순종을 요구하십니다.

가난한 너희여 복되도다
배고픈 너희여 복되도다
지금 우는 너희여 복되도다
사람들이 너희를 미워하고 배제하고 욕할 때 너희는 복되도다

물론 교회가 하나님의 복을 실천하는 것은 쉽지 않습니다. 하나님의 질서를 따르지 않는 세상에서 하나님의 방식만을 고집할 수 없으며, 그렇다고 세상의 방식에 타협하며 하나님의 질서를 저버리는 교회여서도 안 됩니다. 하나님의 질서를 품고 유연하게 능동적으로 세상 속으로 나아가는 교회는 복이 있습니다.
교회가 가난하고 배고프고 슬프고 미움 받는 이들에게 관심을 갖는다는 것은 세상과 어울리지 않고, 구분선을 긋고 다른 속도의 발걸음으로 독자적인 길을 걷는다는 것을 의미합니다.
예수님께서 교회에게 자신의 고통에 동참하라고 하신 것은 예수님의 방식은 세상에서 인기도 없고 안전하지도 않기 때문

입니다.

예수님께서는 '화있도다'라는 반대의 단어를 가지고 심판 받을 자들과 대면하십니다. '화'의 예로는 죽음, 슬픔, 실패, 패배 등을 들 수 있습니다. 그래서 예수님은 현실에 쉽게 맞추어 사는 사람들에 대해서 네 번이나 '화있도다'라고 말씀하십니다.

부유한 사람들에게 화있도다
지금 배부른 사람들에게 화있도다
지금 웃는 사람들에게 화있도다
모두가 칭찬하는 사람들에게 화있도다

마치 지금이 끝이고 모든 것의 절정인 것처럼, 만족하고 평안하고 잘 적응하면서, 고난받으신 예수님의 경고는 아랑곳하지 않은 채 현재에 안주하는 자들에게 화(어려움)가 있습니다. 그리스도인들은 현재가 하나님께서 의도하신 바가 아니라는 것을 기억하면서 지금을 살아갈 때 복이 있습니다.

о

불만족하시는 하나님,
주님은 세상의 현재 상태에 만족하지 않으십니다.
그리고 주님은 우리도 지금에 만족해하지 않기를 바라십니다.
이 세상에서 예수님의 고난받으심과 그분과 함께하는 법을 가르쳐 주시고 주께서 우리와 모두에게 바라시는
복을 받게 하소서. 아멘.

결핍과 풍요

예수께서 떡 다섯 개와 물고기 두 마리를 가지사

하늘을 우러러 축사하시고

떡을 떼어 제자들에게 주어 사람들에게 나누어 주게 하시고

또 물고기 두 마리도

모든 사람에게 나누시매 다 배불리 먹고

(마가복음 6 : 41 – 42)

—

우리는 척박한 광야를 풍성하게 먹이시는 장소로 변화시킨 예수님의 놀라운 이야기를 알고 있습니다. 예수님께서는 세상의 근본적인 원리를 혼란시킵니다. 이 이야기의 배경이 되는 장소인 광야, '버려진 장소'는 생명을 지탱할 시스템이 없는 곳이

었습니다. 예수님은 그곳에 쉬기 위해 가셨습니다. 그런데 예수님은 자신에게 몰려든 엄청나게 거대한 군중을 만났습니다. 군중들은 이 세상에서 어떤 실패의 자리에 와 있는지 알았고 예수님께서 자신들이 속한 실패한 이 세상을 중단시킬 수 있으리라 믿었습니다.

예수님께서는 그들을 실망시키지 않았습니다. 굶주린 군중을 보았을 때 그는 강렬한 연민을 느꼈습니다. 그들의 필요를 보시고 마음이 상하셨습니다. 자원 없는 거짓 세상에 살고 있는 그들의 배고픔에 관여하셨습니다.

예수님의 제자들은 아무것도 없는 황량한 광야를 있는 그대로 받아들였습니다. 제자들은 군중들이 흩어지기를 바랐고, 세상의 필요로부터 예수님을 보호하고자 했습니다. 그러나 예수님은 그들을 꾸짖으시고 군중들을 먹이라고 말씀하셨습니다. 하지만 제자들에게는 아무런 자원이 없었습니다. 제자들은 예수님께 말했습니다.

"우리에게는 그렇게 할 자원이 없습니다."

매우 적은 양의 빵과 생선뿐이었습니다. 제자들은 광야의 결핍과 현실을 인정했습니다. 군중은 음식을 기대했지만 제자들에게는 그러한 희망이 없었습니다. 예수님과 함께 다니며 그분이 행하시는 기적들을 보았지만 제자들에게는 그러한 희망이 없었습니다.

풍요를 축적하기 위하여 나누는 세상의 이야기들은 하나의 환상입니다. 그것은 진짜 이야기가 아닙니다. 그것은 이미 너무 많이 가진 사람들이 더 갖게 되는 구조를 정당화하기 위해 포장된 이야기에 불과합니다. 결핍을 극복하기 위한 인간의 이야기는 사실이 아닙니다. 왜냐하면 세상은 하나님께 속하였고 하나님께서는 풍요로운 삶의 창조자이시기 때문입니다.

우리 모두는 세상과 다른 이야기의 주인공으로 초대받았습니다. 예수님께서는 지금도 당신의 풍요로우심으로 결핍의 세상을 흔드시며, 그 혼란의 방식으로 삶의 스토리를 만드십니다.

○

우리는 결핍의 이야기들로 마음이 웅크러집니다.
이러한 거짓 이야기를 놀라운 풍요의 진리로 깨뜨리소서.
우리가 주님의 샬롬을 힘입고
주님의 너그러움의 이야기를 계속해서 실행하게 하소서. 아멘.

4th-Sun of Lent / 사순절 넷째 주일

매일매일 새로운 이야기

너는 어찌하여 네 상처 때문에 부르짖느냐
네 고통이 심하도다
네 악행이 많고 네 죄가 허다하므로
내가 이 일을 너에게 행하였느니라
그러므로 너를 먹는 모든 자는 잡아먹힐 것이며
네 모든 대적은 사로잡혀 갈 것이고
너에게서 탈취해 간 자는 탈취를 당할 것이며
너에게서 노략질한 모든 자는 노략물이 되리라
(예레미야 30 : 15 - 16)
-

성경에 등장하는 이스라엘의 이야기는 같은 패턴이 반복됩니다. 고통에 빠졌다가 기쁨을 얻는 이야기, 상실을 겪었다가 선물을 받은 이야기입니다. 슬픔 가운데 집을 잃었다가 안녕히 집으로 귀환하는 이야기입니다.

교회는 이스라엘 백성들의 이야기를 십자가 고난을 당하신 성금요일과 부활의 새생명의 기적을 경험하는 주일의 이야기에 빗대기도 합니다.

이스라엘의 이야기는 우리의 관심을 잡아끄는 매력이 있습니다. 왜냐하면 이 세상을 살아가는 우리 자신의 이야기이기 때문입니다. 매순간마다 죽음으로 들어갔다가 다시 살아 나오기를 반복하며 동일한 이야기를 살아 냅니다.

교회는 우리들의 죽음의 절망과 새 생명의 회복의 이야기를 나누는 곳입니다. 세상에서는 너무 바쁘거나 너무 냉소적이거나 너무 불안하거나, 부정할 만한 요소들이 너무 많기 때문에 희망을 나누기가 쉽지 않습니다.

본문말씀은 '계시'라고 할 만합니다. 본문의 시는 사랑하지만 도저히 용납할 수 없는 한 도시 때문에 하나님께서 받은 상처의 두께, 깊이, 모순, 고통을 보여 줍니다. 그것은 천방지축의 어린 아들을 사랑하지만 그의 행동을 무조건 수용해 줄 수 없는 것과 같습니다. 사랑이 언제나 이긴다는 것은 진실이 아닙니다. 그러나 이 시에서는 사랑이 이깁니다. 그리고 그 사랑은 시 속에 풍성히 녹아 들어 있습니다.

하나님은 '소외'를 뚫고 '고통'의 침묵으로 그리고 계속해서 치유하는 '새로움'으로 오고 계신다고 말합니다. 그것이 이 날의 이야기입니다. 그것이 예레미야서에서 패배하고 추방되고 회복되는 예루살렘의 이야기입니다.

더나아가 성금요일에 버림받고 토요일에 죽음의 심연으로 들어가 주일에 부활을 위해 준비하시는 예수님의 이야기입니다. 그리고 우리로 하여금 자신의 이야기를 새롭게 읽어 가도록 도와주는 이야기이기도 합니다.

시인의 책임은 기록한 그 시를 설명하는 일이 아닙니다. 시인은 열어 보여 주어 그 순간까지 무엇을 보지 못했고, 말하지 못했는지 알려 주어야 합니다. 여기에서 우리에게 보인 것은 피할 수 없는 상실의 시기가 있지만 그 너머에 희망이 있으며, 그 사이에는 깊은 성찰의 시간이 있다는 것입니다.

o

변혁시키는 하나님,
우리의 상실과 성찰과 우리의 소망 가운데 함께하소서.
우리 고통을 부정하지 않고 우리 성찰을 줄이지 않으며
신실하게 머물 수 있기를.
우리가 안일한 소망에 저항하며
당신을 기다리기를 소망합니다. 아멘.

4th – Mon of Lent / 23

기억으로부터의 희망

내가 잠시 너를 버렸으나 큰 긍휼로 너를 모을 것이요
내가 넘치는 진노로 내 얼굴을 네게서 잠시 가렸으나
영원한 자비로 너를 긍휼히 여기리라
네 구속자 여호와께서 말씀하셨느니라

이는 내게 노아의 홍수와 같도다
내가 다시는 노아의 홍수로 땅 위에 범람하지 못하게 하리라
맹세한 것같이 내가 네게 노하지 아니하며
너를 책망하지 아니하기로 맹세하였노니
(이사야 54 : 7-9)
—

어려움을 겪을 때 사람들은 자신의 기억 속으로 돌아가서 확신이나 안정을 줄 무엇인가를 찾습니다. 그때로 돌아가려고 하는 사람은 스스로 상상의 셔틀을 타고 여러 번 그때와 지금을 오가게 됩니다. 그 과정 속에서 현재의 어려움은 옛 기억과 서로 예측불가능한 방식으로 서로에게 영향을 줍니다.

우리 기억은 모든 것을 휩쓸고 가 버리는 홍수나 갈 곳을 잃어버린 추방당한 망명자와 같아서 확실성이 약해지면 이전에 믿을 만한 것이라고 여겼던 것들마저도 불확실해지며, '모든 것이 산산이 흩어집니다.' 그것은 나와 우리 모두에게 일어납니다.

이와 같은 엄청난 두려움의 상황 속에서 인간은 파괴성향을 보입니다. 평상시보다 더욱 불쾌해하고, 두려워하고, 불안해하고, 자신의 방식에 욕심을 내고, 절망하고, 그 결과 야만적으로 변해 갑니다.

파괴적인 성향은 우리 주변 어느 곳에나 있습니다. 일상의 날들을 우리는 여러 가지 힘에 굴복하며 살아갑니다. 필요에 따라 나와 내 주변만을 챙기며 이기적으로, 현실적으로 굴복하며 살아갑니다.

이것의 대안으로 우리는 건강한 기억을 현재로 가지고 와 새롭게 상상해 보거나 시로 읊조리는 행동을 생각해 볼 수 있습니다. 이러한 과정은 우리의 삶을 새롭게 구성할 수 있게 합니다. 그러한 상상의 행위는 단순히 현실적인 규범에 순응하고, 개인의 이익에 사용하거나 우리의 관습을 정당화하는 데 쓰일 수 없습니다.

우리가 만일 현실에만 머물기를 바란다면 우리에게 시나 예술이나 상상은 필요하지 않습니다. 시인은 당면한 현실에 저항하여 시를 통해 자신의 사유의 세계를 펼칩니다. 이러한 상상의 행위는 우리의 현실을 전복시키고 우리를 좀 더 나은 삶으로 초대합니다.

세상은 우리에게 파괴적이고 병리적인 구조를 따를 수밖에 없게 합니다. 하지만 그러한 혼돈에서 어느 날의 기억에 뿌리내렸던 그분의 목소리가 다시 들려오기 시작하면, 증오가 아니라 연민으로, 유기가 아니라 연대로, 고립이 아니라 언약으로, 소외가 아니라 안녕 속에서 우리의 미래를 형성할 소망의 텍스트가 재구성될 것입니다.

o

어려움으로 가득찬 시기에 우리와 함께 하소서, 화평의 하나님.
신실한 기억들을 가지고 다시 사랑을
상상하게 하소서. 아멘.

티끌로 능력을 보이신 하나님

여호와께서 모세에게 이르시되 아론에게 명령하기를
네 지팡이를 들어 땅의 티끌을 치라 하라
그것이 애굽 온 땅에서 이가 되리라
그들이 그대로 행할새 아론이 지팡이를 잡고 손을 들어 땅의 티끌을 치매
애굽 온 땅의 티끌이 다 이가 되어 사람과 가축에게 오르니
요술사들도 자기 요술로 그같이 행하여 이를 생기게 하려 하였으나 못 하였고 이가 사람과 가축에게 생긴지라
(출애굽기 8 : 16 - 18)

-

여러분 중 누군가는 본문말씀을 보며 매우 원시적이어서 우리와 동떨어진 매우 이상한 텍스트라고 생각할 수도 있습니다.

매우 오랫동안 말씀을 읽어 온 유대인들과 기독교인들을 제외하면 말입니다.

그러나 말씀을 반복해서 읽을 때 놀랍게도 현재와 매우 비슷함을 발견하게 될 것입니다. 왜냐하면 말씀의 등장인물들이 지금도 동일하기 때문입니다.

절대왕정국가의 군주인 '파라오', 군사 · 정치 · 경제 지도자, 성가신 도덕주의, 갇혀 있는 자의식, 실패한 가정, 계속되는 빈곤의 공동체.

뿐만 아니라 이곳에도 여전히 '마법사들'이 있습니다. 마법사들은 결정적인 능력을 통제, 독점하고 그들만의 이데올로기를 유지하기 위한 수단으로 사용합니다.

그러나 그들 반대편에는 '아론과 모세와 함께' 자유롭게 서 있는 사람들도 있습니다. 그 사람들은 절대왕정하에서도 진리를 지키기 위한 방법을 알고 있습니다. 그들은 억압적인 현실의 구조 바깥의 삶을 위한 공간과 힘과 가능성을 창조하는 사람들입니다.

그들이 여러분에게 전하려는 소식은 야훼, 곧 피조물을 창조하시고 다스리시는 하나님은 여전히 피조세계를 주관하신다는 사실입니다.

그분의 나라에서 살아간다면 파라오를 넘어서는 가능성들을 선포하고, 그것이 군사적이든, 경제적이든, 종교적이고 도덕적이든, 그 무엇이든지 제국의 힘에 굴복할 필요가 없다고 선포할 수 있습니다. 우리는 이 노예 공동체와 함께 기뻐하고 춤추며 자유와 '샬롬'을 위한 공간을 찾을 수 있습니다.

우리는 우리 삶에 불쑥 나타나는 파라오에게 복종하고 그들을 돕고 지원하기 위해 부름 받지 않았습니다. 오히려 우리는 그들을 떠나 새 삶을 살도록, 그리고 완전한 '샬롬', 즉 평화의 삶을 위한 공간과 에너지를 찾아 파라오의 체제와 분리되어 살도록 부름 받았습니다.

출애굽은 지금까지도 환경과 상황에 따라 모양과 제도는 다르지만 성경 전체와 신앙의 삶 전부를 통하여 계속해서 재현되어 왔습니다. 또한 그 속에는 많은 미래의 이야기들이 담겨 있습니다.

지금도 여전히 세상은 삶과 죽음, 세상 권력에 대한 부패한 울림들이 티끌처럼 퍼져 있습니다. 티끌처럼 퍼진 죽음의 세력은 부패하며 썩은 냄새를 풍깁니다. 그러나 복음은 언제나 자유를 위한 변화된 삶을 만들어 줍니다. 그리고 우리는 그리스도로 인해 해방되었습니다.

○

티끌을 이로 만드신 하나님,
우리 마음을 부드럽게 하소서.
우리로 하여금 죽음의 방식들에서 돌이켜 주님의 샬롬으로 향하게 하소서. 아멘.

5th – Wed of Lent / 25

새로워진 독수리들처럼

오직 여호와를 앙망하는 자는 새 힘을 얻으리니
독수리가 날개치며 올라감 같을 것이요
달음박질하여도 곤비하지 아니하겠고
걸어가도 피곤하지 아니하리로다
(이사야 40 : 31)

—

여기에 복음이 있습니다. 복음은 우리가 거짓 신을 섬길 필요도, 거짓 생명을 의지할 필요도, 거짓 능력을 두려워할 필요도 없다는 것입니다. 우리는 삶을 다르게 읽을 수 있습니다. 그리고 그 방법은 기다리는 것입니다.

하나님께서 세상을 창조하시고 구원하시기 위해 새로운 방식으로 세상에 오심을 간절히 기대하며 기다리는 것입니다. 수동적으로 그저 기다리는 것이 아니라 능동적으로 열망하고 모든 새로운 가능성을 인지하며 그것에 따라 행동하며 기다리는 것입니다. 생명의 선물을 얻고자 달려갈 준비를 하는 것입니다. 하나님의 통치가 새로움을 만들어 가고 있기에 우리는 두려움과 포기하려는 마음을 접어 두어야 합니다. 하나님이 통치하는 세상은 경제, 정치, 사회관계, 가능성을 재조정하고, 제국의 변형을 조율하여 구체적인 조화를 이루게 합니다.

사실 이러한 세상은 지적인 풍자요, 대담한 행동이자, 일반적으로 알고 있는 개념들을 버리는 꿈 같은 시적 표현이라 느낄 수 있습니다.

그러나 이 말씀의 주체가 하나님이시기에 함께 절망을 뒤집고, 희망으로 초대하며, 오랜 기다림에서 벗어나 권태의 정권 밖에서 세상을 다시 자유롭게 시작할 수 있는 용기와 희망의 토대가 될 수 있습니다. 우리가 터무니없다고 생각할 수 있는 이 일에 쓰임받을 수 있습니다.

현재 제국의 시민들은 제국에 굴복당한 자존감과 두려움으로 유순하게 죽음을 받아들입니다. 마치 인생의 치열한 경기장에서 힘껏 달렸지만 패배한 선수들의 모습과 같습니다.

그러기에 우리에게도 제국의 체제 안에서 새롭게 도약할 만한 대안이 있느냐고 종교적 질문이 끊임없이 던져집니다.
그 대안이라는 것이 자신만을 바라보는 자기 만족이나 언제 사라질지 모르는 세상의 안정성이 아니라, 제국 아래에 있지만 지금보다 나은 희망을 바라보자는 것입니다.
그것이 시처럼 엉뚱하고, 권력만큼이나 이해하기 어려우며, 새 생명 주위에 도사리는 위협과도 같으며, 부서지기 쉬운 도전일 수 있습니다. 그러나 말씀처럼 우리도 독수리처럼 날고 달리고 걸으면서 날마다 새로운 세상을 상상해 봅시다.

o

오 하나님, 우리를 가르쳐서 주님의 구원을 간절히 기대하며 기다리게 하소서.
이러한 기다림 속에서 우리가 새로운 능력, 새로운 용기, 새로운 자유, 새로운 생명의 약속된 복들을 발견하게 하소서. 아멘.

5th – Thu of Lent / 26

나의 이름을 부르시니

야곱아 너를 창조하신 여호와께서 지금 말씀하시느니라
이스라엘아 너를 지으신 이가 말씀하시느니라
너는 두려워하지 말라 내가 너를 구속하였고 내가 너를 지명하여 불렀나니
너는 내 것이라
(이사야 43 : 1)

—

"두려워하지 말라"는 것은 이상한 선언입니다. 그러나 이것은 세례 받은 하나님의 사람들 모두의 의무입니다. 우리는 세례 받을 당시에는 서로 다른 사람들이었습니다. 사도행전의 초대 교회 이야기는 예수님이 세례 받을 때 성령님이 오셨던 것처럼

하나님의 영이 세례 받은 사람들에게 임하셨음을 들려줍니다. 성령께서는 우리 인격에, 우리 몸에, 우리 상상에, 우리 기억에 하나님의 자유를 가지고서 찾아오시는 분이십니다. 그래서 우리는 세상을 두려워하지 않습니다. 세상과 다르게 살 수 있습니다. 통제하거나 지배할 필요가 없고 축적하거나 불안에 쫓길 필요도 없습니다.

사도행전은 세례 받은 사람들, 성령께서 찾아오신 사람들, 세상을 두려워하지 않는 사람들에 대한 전기입니다. 하나님께서 아시고 이름을 부르셔서 두려워하지 않는 사람들의 공동체에 대해 들려줍니다.

"천하를 어지럽게 하던 이 사람들"(행 17 : 6).

이 말씀을 제대로 다시 말한다면, '천하를 뒤집어 바르게 하는 사람들'입니다.

겁먹은 사람들이 결코 세상을 바꿀 수 없다는 것은 진리입니다. 왜냐하면 그들은 자신을 보호하는 데 너무 많은 힘을 쏟기 때문입니다. 세상을 온전하게 만드는 소명을 받았다는 것은 세례 받은 사람들, 하나님께서 아시고, 이름 부르셔서 두려워하지 않는 사람들을 의미합니다.

· 두려워하지 않는 사람들은 이웃에 대해 열려 있지만 겁먹은 사람들은 늘 이웃으로부터 자신을 보호하려고 합니다.

- 두려워하지 않는 사람들은 자비와 긍휼의 행동을 보이지만 겁먹은 사람들은 도움이 필요한 사람들이 있음을 자각하지 못합니다.
- 두려워하지 않는 사람들은 아침에 기도하고 하루 종일 삶을 돌보며 밤에는 감사와 찬양으로 기뻐합니다. 겁먹은 사람들은 끝없이 불안해하고 불만족합니다.

그러므로 두려워하지 마십시오! 하나님께서 여러분에게 말씀하십니다.
"내가 네 이름을 불렀다. 너는 내 것이다!"

o

두려움과 불안의 세상 속에서 주님은 우리에게 힘을 주셔서 온전한 삶을 살도록, 세상을 온전하게 하고 세상을 바로잡는 삶을 살게 하십니다.
내가 주님의 이름으로 부름받은 사람임을 알고 세상에서 담대하게 하소서. 아멘.

5th - Fri of Lent / 27

오랜 노력이 필요한 기적

아브라함이 엎드려 웃으며 마음속으로 이르되
백 세 된 사람이 어찌 자식을 낳을까
사라는 구십 세니 어찌 출산하리요 하고
(창세기 17 : 17)

—

말씀을 읽고 들을 때마다 우리 내면에서 흔히 일어나는 대화가 있습니다. 한 목소리가 말합니다.
"가능할까?"
다른 목소리가 대답합니다.
"그래, 하지만……."

아브라함의 마음도 '그래! 하지만……'으로 가득 차 있었습니다.
"저는 늙었습니다. 사라도 너무 늙었어요. 그녀는 임신할 수 없습니다. 우리에게는 오직 이스마엘이 있을 뿐입니다."
기다림에 지친 그의 마음에 다른 목소리가 들려옵니다.
"그런데도 너는 아기가 태어날 것을 상상할 수 있느냐? 후손들에게까지 계속 지켜질 언약을 상상할 수 있느냐?"
"토지 없는 사람들에게 토지가 주어질 것을 상상할 수 있느냐? 네가 그것을 실행할 수 있느냐? 네가 그것을 계획할 수 있느냐? 네가 그것을 성취할 수 있느냐? 너는 너의 능력을 넘어서 행하시는 하나님께 의뢰할 수 있느냐?"

하나님께서는 무에서 유를 창조하시는 분이십니다. 성경은 '창조'라는 단어를 결코 인간을 주체로 하여 사용하지 않습니다. 인간 스스로 '만들거나' '형성하거나' '구성할' 수 있을지 모릅니다. 그러나 모든 것은 오직 하나님의 창조로부터 시작되었습니다. 오직 하나님만이 진정 새로운 가능성을, 우리의 기대와 예상을 넘어서는 새로운 것을 이루어 내십니다. 아직 존재하지 않는 것을 존재하게 하는 것은 하나님의 신비와 거룩에 속한 일입니다. 하나님의 세상은 우리의 바람이나 두려움에 의해 제한되는 폐쇄적인 세상이 아닙니다.
하나님의 말씀과 은혜의 기억으로 모여드는 우리 모두는 우리 삶에서 "그래! 하지만……"과 "가능할까?" 사이에서 혼란을 생생하게 경험합니다.

처음에는 대부분 "그래, 하지만……"이 이깁니다. 그러나 하나님의 은혜로 우리의 "그래, 하지만……"의 저항이 깨어집니다. 새로움이 드러납니다. 우리는 기적의 노래를 부를 수 있습니다.

아무도 이삭의 탄생이 얼마나 오래 걸릴 지 얼마나 노력이 필요할지 미리 알 수 없었습니다. 그의 탄생은 지금까지도 믿기 어려운 일입니다.

새로움을 위해서는 경제적, 지적, 종교적, 정치적으로 많은 것을 포기해야 하기에 우리에게 많은 내려놓음의 노력이 필요합니다. 특히 우리의 기쁨의 노래를 가로막는 "그래, 하지만……"의 생각을 버려야 합니다. 그것을 버리고 나면 우리에게 요구되는 것보다 얻게 되는 것이 훨씬 크다는 것을 경험할 것입니다.

새로움, 아직 존재하지 않았던 것들, 하나님의 계획하심은 우리가 전혀 생각하지 못한 것들입니다. 이삭의 탄생은 평범한 기적이 아니었습니다. 그리고 이삭을 낳게 한 하나님도 관습적인 하나님이 아니십니다.

하나님은 우리도 관습적인 삶을 살지 않기를 바라십니다.

о

우리를 "그래, 하지만"에서 구원하시고 자유하게 하셔서,
우리로 기적의 노래를 부르게 하소서.
우리의 마음과 생각을 여셔서 주의 말씀을 듣게 하시고
아직 존재하지 않는 것들을 창조하시고
비범하고 새로운 삶을 이끌어 내시는 하나님을
경험하게 하소서. 아멘.

5th-Sat of Lent / 28

예수께서 다시 빚으시는

우리가 다 수건을 벗은 얼굴로 거울을 보는 것같이
주의 영광을 보매 그와 같은 형상으로 변화하여 영광에서 영광에 이르니
곧 주의 영으로 말미암음이니라
(고린도후서 3 : 18)

―

바울은 고린도에 있는 교회에 편지를 씁니다. 고린도 교회는 '예수 그리스도와 그리스도인의 삶'의 문제로 골치를 앓고 있었습니다. 그리스도인답게 사는 것에 대한 많은 논쟁들로 인해 내부적으로 갈등하고 있었습니다.

사람들이 성, 돈, 리더십, 어떻게 신실하게 살아갈지에 대해 논

쟁하는 것을 상상해 보십시오. 바울은 모든 논쟁에 깊이 들어가서 그리스도인들에게 우리는 보통 사람들이 아닌 선택받은 사람이라는 사실을 상기시켜 줍니다.

하나님께서는 거룩함으로 모든 것을 새롭게 구성하시고 정의하시며, 우리들의 삶의 중심에서 역사하고 계십니다. 다시 말해서 하나님의 거룩함이 우리의 삶에 개입하신다는 것입니다. 우리는 그리스도인으로서 이 세상 속에서 세상을 위해, 소망으로 가득 차서 쉬지 않고, 생생하게 살아갈 수 있다는 것을 항상 기억해야 합니다.

무엇보다도 바울은 고린도에 있는 그리스도인들이 '예수님과 연결'되어 있기를 원하였습니다.

우리가 그리스도로 말미암아 하나님을 향하여
이 같은 확신이 있으니
……
우리가 다 수건을 벗은 얼굴로 거울을 보는 것같이
주의 영광을 보매 그와 같은 형상으로 변화하여
영광에서 영광에 이르니
곧 주의 영으로 말미암음이니라
(고후 3 : 4, 18)

바울은 인류를 위한 하나님의 거룩한 만지심은 오직 예수님을 통해서만 가능하다는 사실을 확증합니다. 이 점은 매우 중요한 일임에도 불구하고 쉽게 잊혀집니다. 교회는 예수님의 구속사역을 기억함으로써 신앙을 유지합니다.

고린도에 있는 교회는 경건하고 낭만적인 종교 집단으로 부름 받은 것이 아니라, 예수님의 가르침을 실행하여 예수님의 이야기를 현실에 구현해 내는 일에 부름 받았습니다.

예수님의 이야기가 현재가 될 때, 우리는 하나님의 거룩과 능력이 거하지 않는 곳에서도 무엇이 공허한 외침인지 분별할 수 있습니다.

세상은 우리의 기술, 우리의 총명함, 우리의 성취, 우리의 힘, 우리의 부, 우리의 사랑스러움, 우리의 자격으로 하나님의 영광을 발견할 수 있다고 끊임없이 유혹합니다.

아닙니다. 아닙니다. 아닙니다!

하나님의 영광은 세상과 함께 세상을 위해 고통 받으신 그분의 얼굴과 몸과 삶의 이야기에서만 찾을 수 있을 뿐입니다.

o

예수 그리스도 안에서 주님의 거룩함이
우리에게 허락되었습니다.
그리하여 우리의 가치와 기대를 새롭게 만드시고 다시 조정하셨습니다.
우리로 하여금 세상 속에서, 세상을 위해,
참 소망과 생명으로 살아가게 하소서. 아멘.

5th-Sun of Lent / 사순절 다섯 번째 주일

스스로 돌이키어

내가 만일 스스로 이르기를 내가 그들처럼 말하리라 하였더라면
나는 주의 아들들의 세대에 대하여 악행을 행하였으리이다
내가 어찌면 이를 알까 하여 생각한즉 그것이 내게 심한 고통이 되었더니
하나님의 성소에 들어갈 때에야 그들의 종말을 내가 깨달았나이다
(시편 73 : 15-17)

이에 스스로 돌이켜 이르되
내 아버지에게는 양식이 풍족한 품꾼이 얼마나 많은가
나는 여기서 주려 죽는구나
(누가복음 15 : 17)

—

탕자 이야기는 예수님께서 시편 73편을 미드라시(midrash, 성서의 구절들을 개개인의 상황에 적용시켜 해석하려는 유대교의 성서 주석 방법) 방식으로 해석한 것으로 보입니다.

탕자는 시편 기자의 역할을 하고 있습니다. 그 아들은 '처음에' 물질에 대한 욕망에 사로잡혀 이렇게 말합니다.

"아버지여 재산 중에서 내게 돌아올 분깃을 내게 주소서 하는지라 아버지가 그 살림을 각각 나눠 주었더니"(눅 15 : 12b).

그리고 그의 시나리오는 실패로 끝이 납니다.

"다 없앤 후 그 나라에 크게 흉년이 들어 그가 비로소 궁핍한지라 가서 그 나라 백성 중 한 사람에게 붙여 사니 그가 그를 들로 보내어 돼지를 치게 하였는데 그가 돼지 먹는 쥐엄 열매로 배를 채우고자 하되 주는 자가 없는지라"(눅 15 : 14 - 16).

탕자가 집으로 돌아가는 '나중' 모습에는 시편 73편에 없는 감추어진 반전의 이야기가 있습니다.

"이에 스스로 돌이켜 이르되……"(눅 15 : 17).

아버지의 집, 하나님의 성소로 들어가게 된 결정적인 계기가 '스스로 돌이키고서야' 아버지의 뜻을 알게 되었기 때문입니다. 물론 아들 '스스로' 돌이킨 것이 아닙니다. 그저 그의 참된 정체성을 회복하게 된 것입니다. 그는 아버지의 '사랑받는 아들로서' 돌아옵니다. 그가 함께 있고 싶은 유일한 분이 아버지란 것을 인지하고서야 돌이키게 됩니다.

아들은 더 이상 그의 형이 자신의 몫으로 농장을 소유한 것이 문제가 되지 않습니다. 왜냐하면 그의 아버지가 그의 몫이고 그가 원하는 유일한 것이기 때문입니다. 아들이 돌이킨 것은 그의 거짓 자아를 떨쳐버리고 참된 정체성을 회복하길 원하시는 아버지의 사랑에 이끌린 결정이었습니다.

이러한 이야기를 볼 때 예수님께서는 우리가 시편을 온전히 이해하고 자신의 가르침을 잘 이해하기를 바라셨습니다.

예수님께서 관여하신 사역들은 무엇보다도 우리가 물질문명의 유혹으로부터 결연하고, 주님의 품 안에서 참된 교통의 선물, 우리에게 기쁨과 안녕을 누리게 하기 위한 것입니다.

○

오 하나님, 우리의 생각을 회복시켜 주소서.
우리 마음을 사망의 길로부터 돌이켜 생명으로,
우리 참된 집이신 주님께로 향하게 돌이키소서.
그리하여 우리로 하여금 이 땅에서
주님의 백성으로서 주님의 임재 가운데 기쁨을 누리며
영원히 살게 하소서. 아멘.

5th-Mon of Lent / 29

가치를 위한 부르심

형제들아 너희를 부르심을 보라 육체를 따라 지혜로운 자가 많지 아니하며
능한 자가 많지 아니하며 문벌 좋은 자가 많지 아니하도다
그러나 하나님께서 세상의 미련한 것들을 택하사
지혜 있는 자들을 부끄럽게 하려 하시고
세상의 약한 것들을 택하사 강한 것들을 부끄럽게 하려 하시며
하나님께서 세상의 천한 것들과 멸시 받는 것들과 없는 것들을 택하사
있는 것들을 폐하려 하시나니
이는 아무 육체도 하나님 앞에서 자랑하지 못하게 하려 하심이라
(고린도전서 1 : 26-29)

―

예수님께서는 예루살렘에 오셔서 성전을 둘러보셨습니다. 예

루살렘 성전은 이스라엘 사회에서 중요한 의미를 갖고 있습니다. 성전은 모든 진실하고 선하고 아름다운 것, 하나님의 임재를 향한 백성들의 궁극적인 소망을 상징했습니다. 그러나 예수님은 예루살렘 성전을 보시고 결코 기뻐할 수가 없었습니다. 성전 안, 분배의 정의와 바른 의사소통의 구조는 무너지고, 본연의 가치는 어느새 탐욕과 착취로 가리워져 있었습니다. 신앙의 핵심은 부의 수단으로 전락해 버렸습니다.

예수님은 이러한 왜곡에 대해 단호하게 저항하셨습니다.

하나님께서 이러한 왜곡을 바로잡고자 사람들을 불러 계명들을 지키며 살도록 명령하셨습니다. 예수님께서 그의 제자들을 불러 그의 가르침에 따라 세상과 다른 삶을 살도록 하셨습니다. 예수님께서 교회를 불러 현실의 왜곡을 전복하는 사명을 우리에게 주셨습니다.

예수님께서 우리를 부르셨다니 이 얼마나 엄청난 일입니까? 우리가 붙잡혀 있는 세상의 병리학적 현상들이 전혀 우리 삶에 진리가 될 수 없음을 아시기에 우리를 부르심은 시대를 거스르는 일이었습니다.

교회는 언제나 다르게 살도록 부름 받았습니다. 바울은 고린도인들에게 이렇게 편지했습니다.

"여러분들의 소명을 기억하십시오."

우리는 아무 이유 없이 그 자리에 있는 것이 아닙니다. 하나님께서 "너는 내 것이라" 말씀하시고, 이름을 불러 주시고, 사명을 맡기셨습니다. 세례 받을 때에, 성찬에 참여할 때마다 하나님께서는 넘치는 은혜로 우리를 부르시고, 창조주 하나님의 능력과 경이로 우리가 그분께 속하여 있음을 깨닫게 해 주십니다. 내가 하나님의 소유이며, 그분을 위한 존재임을 기억하게 하십니다.

바울은 하나님의 사역을 위해 부름 받은 사람들이 그 일을 감당할 만큼의 자격을 갖추지 않았음을 인정합니다. "능한 자가 많지 아니하며"라고 말합니다. 좋은 가문에서 나온 사람도 많지 않습니다. 세상의 능력 있는 사람들 중에서 가치 있다고 인정받는 사람도 많지 않습니다. 하나님이 주신 이 소명은 보통 삶을 살고 있는 보통 사람들을 향한 것입니다.

왜곡된 삶을 떠난 사람들은 유동적인 삶을 살며, 이웃에게 너그럽게 다가가며, 용감하게 불의에 맞서며, 하나님의 자녀로서 하나님의 은혜에 부합하는 삶을 살아갑니다.

○

주님은 보통 삶을 살아가는 우리를 부르셔서
주님의 목적에 헌신된 교회가 되게 하십니다.
우리를 강건하게 하셔서
우리가 탐닉하는 모든 삶의 왜곡을 떨쳐 버리게 하시고
예수 그리스도 안에서 우리에게 선사하신 온전함과 기쁨의 선물을 포용하게 하소서.
아멘.

5th – Tue of Lent / 30

새로운 기회의 선물

그들이 다시는 각기 이웃과 형제를 가르쳐 이르기를
너는 여호와를 알라 하지 아니하리니
이는 작은 자로부터 큰 자까지 다 나를 알기 때문이라
내가 그들의 악행을 사하고 다시는 그 죄를 기억하지 아니하리라
여호와의 말씀이니라
(예레미야 31 : 34)

-

하나님께서 잊으신 것을 우리가 더 이상 기억할 필요는 없습니다. 우리 주변을 표류하던 죄책감은 불현듯 출몰하여 우리를 천천히 좌절의 늪에 빠지게 합니다. 이는 하나님께 계속해서 죄를 범하는 것입니다. 하나님께서는 당신께 고백한 우리

의 죄를 더 이상 기억하지 않으십니다. 그 죄는 더 이상 우리를 좌절하게 하지 못합니다. 우리는 자유합니다.

대출 기한이 지난 책들을 연체 없이 반납할 수 있는 도서관이 있습니다. 불법 총기를 처벌 없이 자진 신고 할 수 있는 제도를 두는 국가들도 있습니다. 그러나 우리가 범한 연체와 불법 총기 소지에 대해 사면을 받을 때까지 우리는 그 사실을 숨겨야 합니다.

그것은 우리의 양심을 속이는 도덕적 실패이며, 하나님 앞에서 죄를 범한 것이기도 합니다. 우리는 그것을 어디에도 숨길 수 없으며, 없앨 수 없습니다. 그런 우리에게 하나님은 대사면을 베푸셨습니다.

이로 인해 우리의 죄책감, 두려움과 원한은 증발해 버렸고 우리는 자유하게 되었습니다. 하나님께서 벗겨 주신 짐을 더 이상 우리가 지고 있을 필요가 없습니다.

문제는 서로를 향한 우리의 행위는 돌이킬 수 없다는 것입니다. 우리는 종종 말과 행동으로 누군가의 마음을 아프게 합니다. 악의로 그럴 때도 있고 부주의해서 그렇게 할 수도 있습니다. 어떤 경우든, 그 말이나 행동은 오해, 불신, 적의, 소외를 낳고 우리는 그것과 함께 영원히 살아갑니다. 우리가 이미 취했던 행동들의 결과에서 빠져나갈 길은 없습니다. 상황은 점점 불쾌해져 가고 소외는 깊어만 가고 상처는 측정할 수 없는 정도에 이릅니다.

수년 전에 내뱉은 심한 말로 인해 관계가 계속 악화된 가정이 있습니다. 서로의 상처로 인해 마음이 얼어붙어 더이상 회복되기가 어려워 보입니다. 강대국들은 약소국들에게 용서를 받아야 할 많은 일들을 행합니다. 국가와 인종 간의 야만성은 계속되며 독소를 내뿜습니다.

우리는 어긋난 관계를 회복할 수 있는 기회를 간절히 바랍니다. 그러나 그것은 큰 대가를 치러야 합니다. 그 과정은 공허하고, 아직 아물지 않은 상처로 인해 아플 수밖에 없습니다. 하나님의 크신 계획이 있다는 믿음 없이는 이겨 낼 수 없는 고통일 수 있습니다.

예레미야는 '무죄'의 선언을 앞두고 잠시 멈추어 보도록 만듭니다. 상황이 계속될 필요는 없습니다. 악순환은 깨질 수 있습니다. 여기를 주목해 보십시오. 새로운 기회가 주어졌습니다. 새로운 기회는 노력을 필요로 합니다.

이제는 깨어지고 상한 마음을 그대로 관망하며 방치하는 것을 끝내고, 마치 문제가 없는 것처럼 스스로 괜찮다고 위장하는 것도 그만 두어야 합니다.

그렇지만 이전과 다르게 행동하라는 것은 아닙니다. 우리에게 필요한 것은 해결을 위한 행동이나 언어가 아니라 회복에 대한 확신입니다.
이 믿음은 우리 스스로 할 수 없는 회복을 우리에게 선물로 주셨다는 확신입니다.

○

용서하시는 하나님, 우리는 진실로 새로운 시작을 생각하며
무릎을 꿇습니다.
우리의 깨어진 마음을 주께 내어놓습니다.
자격 없는 자에게 주시는 주님의 은혜로
우리 안에 사랑할 수 있는
새 마음을 창조하시는 그 능력을 확신합니다. 아멘.

6th – Wed of Lent / 31

사순절의 드라마

여호와의 말씀이니라 보라 날이 이르리니
내가 이스라엘 집과 유다 집에 새 언약을 맺으리라
(예레미야 31 : 31)

―

우리 신앙의 핵심 진리는 "복음의 하나님께서 죽음으로부터 생명을 이끌어 내셨다"는 사실입니다. 우리는 이 진리를 물리적으로, 역사적으로, 문자적으로, 비유적으로, 상징적으로, 또는 여러분이 원하는 어떤 방식으로든 표현할 수 있습니다. 그러나 그 진리는 하나님께서 우리의 내밀한 생각마저도 살피시고 새로운 가능성, 생명을 위한 새로운 공간, 순종을 위한 새로운 에너지, 기쁨의 새로운 파동을 창조하신다는 사실을 견고하게 하는 일입니다.

기독교의 핵심교리는 부활입니다. 두려운 마음으로 맞이한 주일 아침에 초대교회는 로마 제국에 의해 처형된 예수님이 살아나셨고, 무덤에서 풀려나셨다는 것을 알게 되었습니다. 죽음은 하나님의 의지에 더 이상 아무런 힘도 쓸 수 없었습니다. 제국의 죽음의 시스템은 그분의 처형을 통해서도 아무런 지배력을 행사하지 못하였습니다.

진실로 복음의 하나님은 부활을 위해 태초부터 지금까지 끊임없이 일해 오셨습니다.

복음의 하나님은 태초의 혼돈을 손에 잡으시고 "빛이 있으라" 말씀하시고, 질서 있고 신실한 땅을 만드셨습니다. 그리고 그 순간 이래로 하나님은 우리의 끔찍한 혼돈의 상태를 취하셔서, 새로운 삶으로 나아가는 발판을 만들어 내십니다. 이것이 죽음으로부터 창조된 생명입니다.

복음의 하나님은 소망 없는 노년의 아브라함과 사라 부부에게 오셔서 한 아들, 곧 상속자를 주시고 미래를 열어 주셨습니다. 그리고 그 이래로 복음의 하나님은 새로운 가능성이 없다고 생각하는 사람들에게 미래를 주셨습니다. 이것이 죽음으로부터 창조된 생명입니다.

복음의 하나님은 이집트의 노예들, 값싼 노동력으로 잔혹한 생산의 구조 속에서 신음하는 이들에게 찾아오신 분입니다. 착취 속에서 신음하는 그들의 소리를 들으시고, 그들의 고통 받는 모습을 보시고, 내려 오셔서 그들을 구원하셨습니다.

그리고 그 멋진 순간 이래로 해방의 하나님은 착취 받는 모든 사람들의 부르짖음을 들으시고 값싼 노동력과 착취를 가능하게 하는 시스템을 붕괴시키셔서 사람들이 자유롭게 노래하고 춤출 수 있게 하십니다.

이것이 죽음으로부터 창조된 생명입니다. 이것이 사순절의 드라마입니다. 이것이 실패한 현실의 옛 비전들을 버리고 기쁨과 순종 속에 주어지는 새 생명으로 인해 놀라는 여정입니다. 복음의 하나님은 우리를 새로운 삶의 움직임으로 반복해서 초대하십니다. 하나님은 우리가 받을 수 있는 것보다 더 많은 새로운 생명을 주시려는 분이십니다.

o

주님은 길이 없을 때 길을 내시는 하나님이십니다.
염려와 고집, 그리고 가난에 대한 막연한 불안에서
우리를 해방하소서.
우리 마음을 열어 주님의 새로움, 복음의 선물을
계속해서 받아들이게 하소서. 아멘.

6th – Thu of Lent / 32

하나님의 만찬

무리 중에 다니엘과 하나냐와 미사엘과 아사랴와 같은 자가 없으므로
그들을 왕 앞에 서게 하고 왕이 그들에게 모든 일을 묻는 중에
그 지혜와 총명이 온 나라 박수와 술객보다 십 배나 나은 줄을 아니라
(다니엘 1 : 19b – 20)
―

다니엘 이야기는 세속 권력과 복잡한 사회 구조 속에서 신앙의 정체성을 지키려고 노력하는 유대인들에 관한 것입니다. 복잡한 세속 권력의 상징인 느부갓네살 왕은 잘생기고 젊은 유대인 엘리트 소년들을 정부 관료로 충원합니다.
그들은 엄격한 훈련 과정을 거쳐서 제국의 방식대로 사회화되

고 교육받으며, 제국이 제공할 수 있는 최상의 음식과 음료를 먹고 마십니다.

그러나 다니엘은 신앙으로 깨어 있었습니다. 자신의 신앙을 지키기 위해 유대인의 정체성을 잠식하는 제국의 성찬을 거부했습니다. 참으로 그것이 그를 '더럽히고' 그의 신앙의 순수성을 훼손하리라고 여겼습니다. 다니엘이 자신은 그러한 쓰레기 같은 음식을 먹지 않겠노라고 선언했을 때 감독관이 말했습니다.

"네가 그렇게 해서 초췌해 보이면 네가 순응하지 않은 대가로 내가 벌을 받을 것이다."

그러나 다니엘은 그에게 간청했습니다.

"10일 동안 오직 채소만 먹고 물만 마시게 해 보십시오. 그리고 내가 어떻게 보이나 보십시오."

10일째 되는 날, 다니엘은 훈련 프로그램에 참여한 다른 모든 소년들보다 더 좋아 보였습니다. 그리고 감독관이 더 이상 위험을 감수하지 않아도 되기에 다니엘은 오직 채소만 먹고 물만 마시도록 허락받았습니다.

그 제안이 너무도 성공적이어서 다니엘의 세 친구도 함께 참여하였습니다. 다니엘과 세 친구들은 엄격히 신앙의 식단을 유지하였습니다.

긴 훈련의 기간이 끝날 무렵, 그들은 느부갓네살 왕 앞에 서서 시험을 통과하고 축하 받으며 제국에서 직무를 부여받았습니다. 왕이 내려와서 생도들을 한 사람씩 살펴보다가 다니엘과 그의 세 친구가 모든 다른 이들과 비교할 수 없을 정도로 낫다는 것을 알게 되었습니다.

다니엘과 그의 친구들은 신앙을 지키며 엄격한 훈련을 거쳐 제국의 직무에 최상의 후보자로 판명되었습니다.

이후 다니엘이 제국에 미친 영향력에 대한 나머지 이야기는 역사가 되었습니다. 그리고 그 이야기를 읽는 어떤 유대인들도 전혀 놀라지 않습니다.

신앙으로 살아가는 이들은 신앙으로 채워진 물과 채소가 권력이 판치는 산해진미보다 더 강한 힘을 발휘한다는 것을 알기 때문입니다.

o

주여, 우리에게 힘을 주셔서 참된 삶을 놓치게 만드는 우리 문화의 유혹에 저항하게 하소서.
우리의 신앙을 약하게 만들 어떤 것과도
타협하지 않게 하소서.
우리 신앙의 여정에서 신실함을 지킬 때 주 안에서
점점 강해질 수 있는 하늘의 양식을 우리에게 공급하소서. 아멘.

6th-Fri of Lent / 33

감추어진 세계

제자들을 돌아보시며 조용히 이르시되
너희가 보는 것을 보는 눈은 복이 있도다
내가 너희에게 말하노니 많은 선지자와 임금이
너희가 보는 바를 보고자 하였으되 보지 못하였으며
너희가 듣는 바를 듣고자 하였으되 듣지 못하였느니라
(누가복음 10 : 23-24)

—

만일 제자들에게 왕과 선지자들이 놓친 그 무엇을 예수님에게서 보았냐고 물을 수 있다면, 우리는 예수님께 한 걸음 더 나아갈 수 있습니다.
그 질문의 답은 십자가의 능력입니다. 그것이야말로 예수님의 수수께끼 같은 진술이 최종적으로 우리에게 말하고자 하는 바입니다. 예수님에 관한 진리, 능력, 그리고 변혁적인 모든 것이 십자가에서 드러납니다.

우리는 패배처럼 보이는 성금요일이 하나님께서 우리에게 주신 미래의 선한 신비인 것을 나중에서야 배웠습니다. 성금요일의 신비란 하나님의 지혜자들과 능력자들이 죽임을 당하거나, 세상에서 끔찍한 상황에 내몰릴 때 비로소 드러납니다.

성금요일에 감추어진 신비를 보고 우리는 하나님에 대해서 알아야 할 모든 것을 배웠습니다.

아버지 외에는 아들이 누구인지 아는 자가 없고
아들과 또 아들의 소원대로 계시를 받는 자 외에는
아버지가 누구인지 아는 자가 없나이다
(눅 10 : 22)

우리는 예수님께서 참으로 하나님이시라는 것과 하나님의 능력이 연약함과 상처받기 쉬운 환경 속에 나타난다는 것, 그리고 그 변혁의 능력이 참 진리라는 것을 배우게 됩니다. 왕들의 권력과 지혜자들의 위엄은 부활에 감추어진 정교한 치유의 능력을 가지고 있지 않기 때문입니다.

그것에 더하여 우리는 십자가가 단순히 예수님의 생애에 나타난 단발적인 사건이 아님을 배우게 되었고, 반복해서 다시 배울 필요가 있습니다. 십자가는 위협으로 얼룩진 세상 속에서 어떻게 살아갈 수 있는지에 대한 단서입니다.

십자가의 삶은 탐욕스런 시장에서 이웃을 돌보는 환경을 창조하고, 절망의 상황에 직면하여 새로운 가능성들을 일으키며, 끝없는 억압을 맞닥뜨리면서도 새로운 해방의 형태를 제시하는 것입니다.

이는 어떤 대가 없이는 아무런 일도 이루어질 수 없으며, 특별히 이웃과의 관계에서 자기 희생이 얼마나 중요한지 말해 줍니다. 그러나 이러한 고난 이후에는 부활이 있음을 확실히 알고 있습니다.

여러분 중 어떤 분들은 나처럼 왕, 선지자, 지혜자, 지성인이 되기를 갈구하다가 갑자기 이 모든 것을 뒤집을 만한 새로운 은혜의 순간을 경험했을 것이라고 생각합니다.

사순절은 이런 보이지 않는 강력한 언어들과 새로움으로 무장하고 상처받기 쉬운 거친 세상으로 한 발자국 더 나아가기에 좋은 시간입니다.

여러분이 보는 것을 보는 그 눈이 복됩니다!

。

십자가의 하나님, 주님의 능력은 조용히 세상을 극복하는 약함 속에 감추어져 있습니다.
우리 눈을 열어서 이 능력이 역사함을 보게 하소서.
우리로 하여금 그 안에서 걷게 하시고 세상을 위한 주님의 대안적인 비전을 살아내게 하소서.
아멘.

6th – Sat of Lent / 34

위대한 Yes

그가 그곳 이름을 맛사 또는 므리바라 불렀으니
이는 이스라엘 자손이 다투었음이요
또는 그들이 여호와를 시험하여 이르기를
여호와께서 우리 중에 계신가 안 계신가 하였음이더라
(출애굽기 17 : 7)

—

본문말씀은 이스라엘이 노예 시절을 지나 약속의 땅에 이르기 전 광야에서 있었던 일입니다. 이스라엘은 광야에서 위험과 결핍의 시기에 자신이 어떻게 행동했는지에 대한 많은 이야기와 당혹스런 기억을 가지고 있습니다.

광야라는 장소는 사순절을 보내기에 참 적절한 환경입니다. 왜냐하면 사순절은 자원이 없는 척박한 곳에 거하며 하나님께서 주시는 것만으로 살아보는 시간이며, 어떠한 미래도 보이지 않는 광야에서 하나님을 신뢰한다는 것이 무엇인지 우리의 믿음을 발견하는 시간이기 때문입니다

이러한 과정에서 '물 문제'(생존을 위해 구체적인 공급을 받는 일)는 우리를 "쉴 만한 물가로 인도"하시는 분에 관한 '본질적인 질문'에 이르게 합니다.

"여호와께서 우리 중에 계신가 안 계신가?"

우리는 성경에서 하나님의 현존을 전제하지 않는, 하나님의 임재가 메마른 곳들에 진술을 보게 됩니다. 사람들은 물 문제를 두고 하나님에 대한 의문을 제기합니다. 왜냐하면 그들이 절실한 상황 속에서 하나님의 부재를 직면하고, 다른 대안은 없음을 알고 있기 때문입니다.

하나님께서는 모세를 통해 이스라엘의 불안을 해결해 주십니다. 하나님은 이스라엘의 부르짖음을 들으십니다. 하나님께서는 결정적인 순간에 응답하십니다. 하나님께서 물을 내십니다. 하나님께서 생명수를 주십니다. 그리고 하나님께서 생명수를 주실 때 이스라엘의 심연의 질문이 응답됩니다.

"맞습니다. 주께서 우리 중에 계십니다!"

맞습니다. 하나님은 광야를 생명의 경기장으로 바꾸실 능력이 있습니다. 맞습니다. 하나님께서는 신뢰할 만하십니다. 맞습니다. 하나님께서는 신실하십니다. 맞습니다, 하나님께서는 부족하고 불안한 상황을 생명으로 채우시는 근원이십니다.

본문말씀은 우리가 성금요일 다음 부활절을 설명하지 않는 것처럼, 사순절 이후 안녕에 대해서도 설명하지 않습니다. 왜냐면 우리가 하나님, 곧 모든 상황과 위급한 형편을 붙드시고 모든 가능성과 필요와 선물들을 당신의 손 안에 붙잡으시고, 또한 그것을 기꺼이 우리에게 주시겠다고 말씀하시는 분을 바라보기 때문입니다.

또한 막막한 세상에서도 안녕을 창조하시는 하나님의 설명할 수 없는 능력을 보게 됩니다. 광야에서도 'Yes', 사순절에도 'Yes', 반석으로부터 'Yes', 목마름에도 'Yes', 우리에게 'Yes', 세상을 향해 'Yes', 모든 설명을 넘어서 'Yes, Yes, Yes' 하시는 하나님께 감탄하는 이야기입니다.

o

"Yes"라고 말씀하시는 하나님, 주께서는 계속하여 주의 신실하심을 보이십니다.
궁핍하고 불모의 광야에서 주께서는 우리 필요를 아시고 그것을 채워 주십니다.
우리의 여정을 따라 우리 정신과 마음을 여셔서 주를 전적으로 신뢰하게 하소서. 아멘.

Palm Sunday - 종려주일

잘못된 성전에서

예수께서 대답하여 이르시되 너희가 이 성전을 헐라
내가 사흘 동안에 일으키리라 유대인들이 이르되
이 성전은 사십육 년 동안에 지었거늘 네가 삼 일 동안에 일으키겠느냐
하더라
그러나 예수는 성전된 자기 육체를 가리켜 말씀하신 것이라
(요한복음 2 : 19-21)

―

요한복음은 많은 비유와 상징들로 이루어져 있습니다.
성전에 관한 구절에서 '예수님'을 묵상해 보십시오.
파괴된 성전에 관한 구절에서 '십자가 사건'을 묵상해 보십시오.
재건된 성전에 관한 구절에서 '부활'을 묵상해 보십시오.

성전을 여러분 삶의 중심지로 생각해 보십시오.

여러분이 하나님의 선하심과 거룩하심을 대면하는 곳으로, 여러분 삶의 핵심 목적을 새롭게 하는 곳으로, 여러분이 누구이고 여러분의 삶이 어떤 가치를 가지는지, 어떻게 여러분이 기억될 것인지 보다 명확한 실마리를 얻을 수 있는 곳으로 말입니다.

하나님께서 여러분을 부르셔서 되라고 하시는 바로 그 존재가 되기 위해 필요한 의무와 훈련에 대해 생각해 보십시오.

만일 우리가 부정한 성전에 있다면, 우리가 잘못 인도된 방식으로 살고 있으며 잘못된 방향으로 헌신하고 있다면, 만일 우리가 성전을 예수님과 죽음과 순종과 수난과 새 생명과 기쁨을 생각해야 할 때에, 쇼핑몰, 극장, 시장, 면죄부 정도로 생각한다면 어떠할지 상상해 보십시오.

예수님께서 "이곳은 잘못된 성전입니다." 하시며 마치 폭력과도 같은 열정으로 상을 뒤엎으시던 바로 그 성전을 떠올려 보십시오.

그곳에는 바삐 거래에 종사하는 사람들과 사고파는 사람들과 권력에 아첨하며 하나님께 나아가는 입장권을 얻기를 소망하는 사람들, 그곳에서 자신을 보이고 가치를 인정받으며 확신을 얻고 싶은 사람들이 넘쳐납니다.

예수님은 "여러분은 잘못된 성소에 왔습니다. 하나님의 임재는 여기에 없습니다."라고 하시며 우리를 진짜 성전으로 이끄십니다.

'예수'라 불리는 성전이 우리의 참된 거주지입니다. 여기에서 우리는 신앙으로 살아가며 우리 인생의 짐들을 내려놓고 꿈을 꾸며, 나의 정체성을 확인하게 됩니다.

대부분 우리는 자신이 잘못된 성전에 있음을 발견합니다. 안정을 보장하지만 우리를 보다 불안하게 만드는 장소들, 기쁨을 주지만 우리에게서 진정한 위로를 빼앗아가는 일들, 부분적으로는 우리 자신의 의지로, 부분적으로는 습관적으로, 부분적으로는 우연히, 부분적으로는 유혹에 넘어가서 우리는 잘못된 장소로 가게 됩니다.

사순절에 우리가 할 일은 이러한 가짜 성전에서 나와 참된 성전이신 예수님께 나아가는 것입니다. 그러고 나서 다른 종류의 삶, 그분이 머무는 삶, 우리를 초대하셔서 살도록 하시는 삶을 받아들이는 것입니다.

o

우리 삶의 신성한 중심이여,
우리의 지고의 기쁨과 가장 심오한 목적이신 참된 성전 예수 그리스도께로 우리를 인도하소서.
사순절 여정을 통해 우리로 하여금 어느 때보다 더 충만하게 그 안에서,
그를 위해 살게 하소서. 아멘.

Mon of holy week / 35

마음 바꾸기

각각 자기 일을 돌볼 뿐더러 또한 각각 다른 사람들의 일을 돌보아
나의 기쁨을 충만하게 하라 너희 안에 이 마음을 품으라
곧 그리스도 예수의 마음이니 그는 근본 하나님의 본체시나
하나님과 동등됨을 취할 것으로 여기지 아니하시고
오히려 자기를 비워 종의 형체를 가지사 사람들과 같이 되셨고
사람의 모양으로 나타나사 자기를 낮추시고
죽기까지 복종하셨으니 곧 십자가에 죽으심이라
(빌립보서 2 : 4-8)
−

예수님은 우리와 같이 상처받기 쉬운 인간의 몸으로 오셔서 순종의 본을 보이셨습니다. 예수님은 순종하는 인간이 되셨고,

자신을 향한 하나님의 뜻을 이루려는 그분의 열심은 로마 제국의 뜻과 제국과 공모하는 유대인들의 뜻과 충돌하였습니다. 그분은 속죄에 관한 새로운 이론 때문에 십자가에 못 박히신 것이 아니라, 로마 제국의 무분별하고 전복적인 힘이 세상에 풀려나는 것을 용납할 수 없었기 때문에 십자가에 못 박히셨습니다. 예수님께서 어떠한 타협도 없이 하나님의 목적에 헌신하셨기 때문에 하나님의 의도에 거스르는 제국과 모순관계에 있을 수밖에 없었습니다.

바울은 교회와 그 구성원들을 불러 일상의 삶 속에서 예수님과 일치하는 자기 비움의 모습을 나타내도록 권면하십니다. 바울은 자아에 매여 자신이 선호하는 발상과 의도와 기득권으로 다른 사람들에게 상처 주는 우리의 행동 방식을 잘 알고 있었습니다. 그는 자신의 이익을 돌아보지 말라고 말합니다.

그래서 고난 주간에 여러분에게 이렇게 당부하고자 합니다. 우리가 종려주일로부터 부활주일에 이르기까지 목요일 체포와 금요일 처형과 공허한 토요일의 오랜 기다림을 지나며, 주님의 여정을 걸어갈 때에, 예수님의 자취를 따라 마음을 새롭게 하고 자신과 이웃과 세상에 대한 우리 견해를 변화시키길 바랍니다.

그리스도의 새로운 마음은 기득권을 내려놓고 안정을 맹목적으로 좇는 불안을 먼저 비워내는 일을 통해 품을 수 있습니다.

우리 마음이 변화될 때에 우리는 짐을 벗어 버리고 두려움 없이 자유롭게 이웃과 더불어 살아가는 부활절의 자유를 경험하게 될 것입니다. 그래서 우리는 죽으시고 부활하신, 겸비하시고 승리하신 예수님을 경배합니다. 그러나 우리는 또한 그의 삶을 우리 자신의 삶 속으로 복제합니다.

우리는 예수님께서 그러하셨던 것처럼 부활절 자유와 함께 참된 그리스도인이 된 나 자신을 발견합니다. 이것은 단순해지고 자유로워지고 우리가 마땅히 있어야 하는 곳으로 내려가는 일입니다. 그리고 마땅히 있어야 하는 그곳에서 우리는 자기를 비우신, 순종의 모습으로 계신 바로 그분과 함께 거합니다.

o

우리는 부활절 기쁨과 새 생명을 갈망합니다.
그러나 아직 우리는 우리가 있는 곳과 주께서 계신 곳 사이에 사로잡혀 있습니다.
우리에게 새로운 생각과 새로운 마음과 준비된 자세를 주셔서 자기를 비우신 순종의 모습으로 주님과 함께 설 수 있게 하소서. 아멘.

Tue of holy week / 36

가까이 둔 희망의 세상

소망의 하나님이 모든 기쁨과 평강을
믿음 안에서 너희에게 충만하게 하사
성령의 능력으로 소망이 넘치게 하시기를 원하노라
(로마서 15 : 13)

―

바울이 '신실하신 하나님의 약속'을 말할 때, 우리들이 살고 있는 세상처럼 그도 이 세상이 '변덕스런 속임수와 배신의 세상'임을 잘 알고 있었습니다.
광고와 지배의 이데올로기는 끊임없이 조작하여 우리를 속이고, 강요하며 오래 지속될 수 없는 가상의 세계로 초대합니다.

그러나 이 소식을 들어 보십시오.

"이 변덕스런 세상 너머에 하나님을 신뢰하는 충실한 세상이 있습니다. 하나님은 하신 약속을 지키시고 여러분은 그 안에 거할 수 있습니다."

바울은 치열하게 경쟁하는 '절망의 세상' 속에 살고 있지만, 사랑으로 세상을 펼쳐 가시는 '소망의 하나님'에 대해 말했습니다. 물론 우리도 이 절망의 세상에 살고 있습니다. 이 세상은 새로움도, 대가 없이 베푸는 야량과 용서의 가능성도 없어서 마치 누가 정상에 가장 오랫동안 머물 수 있는지 보는 제로-섬 게임 같습니다. 우리 모두는 어느 누구도 이 다람쥐 쳇바퀴 돌듯 반복되는 경주에서 승자가 될 수 없다는 것을 알고 있습니다.

그렇지만 이 소식을 들어 보십시오.

사람들이 절망의 분노를 감추지 않고, 가난한 사람들에게 가하는 폭력을 승인하며, 무자비한 착취가 당연시되고, 죽지 않으면 완전히 파멸시키는 전쟁을 용인하는 세상을 넘어서서 예수님 안에서 살아가는 다른 세상이 있습니다.

그곳은 인간의 한계를 초월한 신적인 용서가 기초를 이루고, 관용에 의해 유지되는 새로운 선물들과 신선한 출발이 가능한 세상입니다. 그 세상은 예수님 안에서 살아가는 우리 가운데서 시작됩니다.

바울은 두려움과 불안으로 가득하여 서로를 밀쳐내는 '배타적인 세상' 속에 살고 있지만, 서로를 '환대'하는 공동체를 꿈꿨습니다. 물론 우리도 이 배타적인 세상에 살고 있습니다. 그곳은 희망의 가능성들과 자원들의 접근을 막는 울타리가 둘러 쳐져 있습니다. 혜택을 받은 이들이나 약삭빠른 사람들을 제외하고 모두가 언제 어디에서 경계선 밖으로 내몰릴지 불안 속에 남겨집니다.

그러나 여기 새로운 소식을 들어 보십시오.

배타적인 세상 너머에 서로를 위협 또는 경쟁의 대상이 아닌, 인생의 순례길에서 만난 동료로 바라보는 '환대의 세상'이 있습니다. 그 세상은 성찬의 빵과 포도주로 상징되고 서로의 치유와 변혁을 위한 소통과 손길로 삶 속에 드러납니다.

о

모든 소망의 하나님, 우리는 배반과 절망과 배제와 갈등의 세상을 너무 잘 알고 있습니다.
우리로 하여금 주를 신뢰하고 따르면서,
진리와 소망과 환영과 조화를 위한 대안적 세상으로 들어가 살게 하소서. 아멘.

Wed of holy week / 37

주께로 당겨지는 자석

이제 이 세상에 대한 심판이 이르렀으니 이 세상의 임금이 쫓겨나리라
내가 땅에서 들리면 모든 사람을 내게로 이끌겠노라 하시니
(요한복음 12 : 31 – 32)
–

사순절을 보내며 우리를 미혹하는 이 세대 통치자와 그들에 대항하는 나사렛 예수 사이에 서 있는 우리가 생각해 볼 만한 세 가지 진리가 있습니다.

첫째, 예수님의 새로운 진리는 하나님께 영광이 될 뿐만 아니라, 우리에게 길을 제시하고 그 길을 걷게 합니다.

둘째, 온 우주의 주인이신 하나님은 자신의 속성에 부합하는 예수님의 새로운 진리를 승인해 주셨습니다.
셋째, 이 세상에서 고통을 마다하지 않는 사랑으로 살아가는 길은 우리를 새 생명으로 이끄는 자석과도 같습니다.

이것을 사순절의 구성으로 생각해 봅시다. 사순절은 진영 논리와 상관 없이 우리 모두가 고통을 마다하지 않는 사랑의 주님과 이 세상 통치자 사이에 서 있는 시간입니다. 우리는 양방향에서 당기는 힘과 함께 삶의 엄청난 모호성을 자각합니다. 한편으로 그분의 계획하심과 너그러운 보살핌을 원하면서도 또한 이기적인 자신의 방식으로 살고 싶어 합니다.
사순절은 당겨지는 것입니다.

· 사순절은 세상에서 예수님의 방식으로, 예수님의 소식으로, 너그러움과 용서와 환대를 실천하는 예수님의 사람들에게로 당겨지는 시간입니다.
· 사순절은 이 세상 통치자들에게서 멀어지고, 욕심으로부터 멀어지고, 두려움으로부터 멀어지고, 불안으로부터 멀어지고, 포학으로부터 멀어지는 시간입니다.

우리 모두는 끊임없이 당겨지고 멀어지는 과정 중에 있습니다. 그 중심에 용서와 목마름의 성금요일이 있습니다. 그러나 그분은 자기 자신과 우리에게 이렇게 말씀하십니다.

"한 알의 밀이 땅에 떨어져 죽지 아니하면 자라지 못할 것이다."

자기를 주는 일을 통해 새로운 성장을 경험하는 것이 부활절입니다. 부활절의 기쁨! 부활절의 자유! 부활절의 선함은 오직 성금요일을 통해서입니다.

이러한 묵상의 날들을 통해서 우리는 예수께로 당겨집니다. 성금요일은 자석과도 같이 우리를 자기 헌신으로 이끕니다. 우리가 하늘 하나님께로 끌어당겨져서 이웃과 함께하는 공동체로 새롭게 시작하기를 원하십니다. 이 세상 통치자들 주변에서 얼쩡대지 마십시오. 그들은 쫓겨가고 있습니다. 이 말씀은 우리에게 새로움으로 가는 비밀이 무엇인지 알려 줍니다. 세상 통치자들은 조금도 의심하지 않는 이 세상의 균열과 종말의 비밀을 우리는 압니다.

주여, 주께로, 자신을 주시는 주님의 사랑의 길로
우리를 이끄소서.
사랑이 아닌 모든 것들인 탐욕, 두려움, 불안, 포학의 세력으로
부터 우리를 이끄소서.
주께로 이끌려가고 세상의 힘들로부터 멀어지는
사순절의 경험 속에서 새 생명이 기다리는
부활절의 의미를 발견하게 하소서. 아멘.

Maundy Thursday / 38

주인의 본

내가 주와 또는 선생이 되어 너희 발을 씻었으니
너희도 서로 발을 씻어 주는 것이 옳으니라
내가 너희에게 행한 것같이 너희도 행하게 하려
본을 보였노라
(요한복음 13 : 14-15)

—

제자들은 예수님의 행동을 분개와 경악으로 바라보았습니다.
주님께서 종이 하는 행동을 하시니 제자들은 그분의 의중을 알 수 없어 불안했습니다.
예수님은 제자들에게 말씀하십니다.

"내가 너희들에게 무엇을 했는지 너희는 아느냐?"
제자들은 언제나 그렇듯 지금의 상황을 구체적으로 응답합니다.
"네, 주께서 우리 발을 씻으셨습니다."
그러자 예수님은 말씀하십니다.
"내가 주와 또는 선생이 되어 너희 발을 씻었으니 너희도 서로 발을 씻어 주는 것이 옳으니라 내가 너희에게 행한 것같이 너희도 행하게 하려 본을 보였노라"
이 수건의 드라마는 제자들에게 행동으로 본을 보이신 예수님의 가르침입니다.

· 당신은 하나님으로부터 온 진리를 따르십시오. 나는 나 자신만의 존재가 아닙니다.
· 당신은 하나님께로 갈 진리를 따르십시오. 미래가 보장됩니다.
· 당신과 다른 사람들 사이의 공간은 수건으로 채우십시오.
· 당신이 수건을 가지고 여행할 때에 당신의 연약함은 안전으로 채워지고, 순종으로 보호받으며, 불안으로부터 자유로워질 것입니다.

예수님은 삶의 모델을 그의 제자들에게 직접 실천하여 보이셨습니다. 그분은 로마 제국이 사용하는 통제와 단절하셨습니다. 계층화와 종교적 가치로 해석된 정결과도 단절하셨습니다. 예수님은 이 모든 낡은 것들과의 단절을 통해 자유와 진리를 자각하셨습니다.

당신의 겸손함을 나타내신 씻음의 행위를 통해 예수님은 인간들의 일상에 젖어든 모든 과거와 단절하셨습니다. 매일매일 쳇바퀴처럼 의미없이 살아가고, 늘 조직에서 살아남지 못할까 두려워하며, 지금보다 더 축적하려고 발버둥치는, 스스로 만족할 수 없는 죽음의 감각과 단절하신 것입니다.

예수님은 제자들에게 다시 한번 명확하게 말씀하십니다.

"새 계명을 너희에게 주노니 서로 사랑하라 내가 너희를 사랑한 것같이 너희도 서로 사랑하라 너희가 서로 사랑하면 이로써 모든 사람이 너희가 내 제자인 줄 알리라"

예수님은 제자들과 새로운 공동체를 구성하셨습니다. 제국주의와 군국주의 그 한가운데에 놓여 있는 사랑의 작은 공동체를 상상해 보십시오. 이 작은 공동체는 세상의 불안에 참여하기를 거부합니다. 왜냐하면 그들은 하늘에 계신 하나님께서 우리의 필요를 아시고 공급하신다는 확신으로 공중 나는 새들과 들에 피는 꽃들처럼 살아갈 것이기 때문입니다.

○

예수님은 우리가 따라야 할 삶의 본을 보이셨습니다.
그 본은 세상의 방식들과 날카로운 대조를 이룹니다.
주의 성령의 은혜와 능력 가운데
주님을 믿는 확신으로
세상의 불안을 거부하는 공동체가 되게 하시고
긍휼과 사랑으로 충만하여
세상으로 나아가는 우리들 되게 하소서. 아멘.

Good Friday / 39

진리가 권력에 말하다

내가 노래로 하나님의 이름을 찬송하며

감사함으로 하나님을 위대하시다 하리니

이것이 소 곧 뿔과 굽이 있는 황소를 드림보다

여호와를 더욱 기쁘시게 함이 될 것이라

곤고한 자가 이를 보고 기뻐하나니 하나님을 찾는 너희들아

너희 마음을 소생하게 할지어다

여호와는 궁핍한 자의 소리를 들으시며

자기로 말미암아 갇힌 자를 멸시하지 아니하시나니

(시편 69 : 30 – 33)

–

성금요일의 드라마에서 오직 예수님만이 시편을 사용하십니

다. 그때에 예수님과 달리 총독이나 군중이 시편을 사용한 단서가 없는 것으로 볼 때, 그들은 자신들의 전통에 입각해서 성경을 통해 무엇을 어떻게 말할지 알지 못했던 거 같습니다.

시편 69편은 예수님이 로마와 예루살렘의 정치적 잔혹행위 앞에 마치 아무것도 아닌 것처럼 권력에 어떻게 대항하셨는지 보여 줍니다. 나는 권력의 힘이 무시하는 진실에 대해 말해 보고자 합니다. 진실은 시편에서 가장 중요한 위치에 있습니다. 특히 예수님이 세상 권력에 대항하시며 진실에 대해 말씀하신 것은 우리를 당혹스럽게 합니다. 유대 전통에 익숙하셨던 예수님은 위기의 상황에서 신실한 사람들이 해야 할 말을 아셨던 것입니다.

그래서 금요일, 이 권력의 드라마에서 도대체 무슨 일이 생긴 것입니까? 세속적 현실을 뛰어넘는 하늘의 신령한 비밀을 찾기 위한 질문을 포기하지 마십시오. 왜냐하면 이러한 질문이 바로 진짜 권력을 위해 고군분투하는 것이기 때문입니다.

성금요일, 우리는 세상에 당당하고도 정직하게 묻습니다. "정말 돈이 권리를 주고 권력이 정의를 만든다고 생각하십니까?" 예수님은 우리를 위해 렌즈가 되셔서 권력, 사회적 관계들, 공식적 정책들을 다시 보게 만듭니다. 예수님은 우리를 당황스럽게 만들었던 그 시편의 기도로 모든 힘없는 사람들과 나란히 서서 이 땅에 하나님의 정의를 요구하십니다. 예수님의 진실함은 모든 종류의 권력을 폭로하며 그것들을 위협합니다. 만일 교회가 결단하고 이 도덕적 주장에 대해 깨끗하다면 그것이야말로 참으로 부활절의 진면모를 드러내는 일일 것입니다. 예수님이 일으키신 혁명적인 사건에 대해 이야기해 보십시오. 그분은 총독을 불안하게 만들고 군중들을 열광하게 만들었습니다. 그리고 그들은 예수님을 죽였습니다. 예수님은 그 모든 상황에서도 세상을 향해 위협적이고도 정직한 기도를 하나님께 올려 드립니다. 그들의 핍박은 결코 하나님을 조롱거리로도, 비웃음의 대상으로 만들 수 없습니다.
"여호와는 궁핍한 자의 소리를 들으시며 자기로 말미암아 갇힌 자를 멸시하지 아니하시나니"(33절).

○

가난한 자들과 힘없는 자들의 하나님, 비인간성을 대하여 어떻게 말할지 우리에게 가르치셨습니다.
주님은 우리를 불러 진리를 말하게 하시고
억압하고 죽이는 권력의 거짓 질서를 폭로하게 하십니다.
우리를 담대하게 하셔서 예수님의 본을 따르게 하시고,
주님의 정의와 구원을 의지하면서,
주님의 말씀으로 말하게 하소서. 아멘.

Holy Saturday / 40

그분의 간섭을 기대하며

안식 후 첫날 일찍이 아직 어두울 때에
(요한복음 20 : 1상)

—

얼마나 오랫동안 토요일이 지속될 지 아무도 몰랐습니다. 토요일이 끝나기는 할지 아무도 몰랐습니다. 그것은 지금도 마찬가지입니다. 얼마나 오랫동안 토요일이 지속될 지 그것이 끝나기는 할지 아무도 모릅니다.

토요일은 고요함과 의심과 절망의 중간에 끼인, 죽음과도 같이 고요히 시간에 서 있는 날입니다. 첫 십자가의 토요일, 그날은 그렇게 방임과 낙담이 가득했습니다. 그리고 이후에 이어진 모든 토요일. 그날들은 두려움과 학대, 전쟁과 인종학살이 난무하는 시간이었습니다. 그렇게 해방구를 찾을 수 없는 무자비한 실패의 토요일들은 계속 되었습니다.

그 절망적인 고요함 중에 교회는 자신들에게 침투해 들어오는 새로운 이야기에 귀를 기울입니다. 이 다른 이야기의 핵심 등장인물은 이 세대의 통치자들이 제거한 금요일의 사나이입니다. 통치자들은 토요일에 그가 죽었다는 사실을 알고 있었습니다. 그러나 그 사실이 전혀 그들을 편안하게 해 주지 못했습니다.

금요일의 사나이에 관한 이 기적의 이야기는 토요일 그리 길지 않다고 말합니다. 이야기는 일요일의 사나이로 끝을 맺었습니다. 그는 좋은 옷을 걸치고 대중의 이목을 끌만한 행동을 한다거나 경건을 과시하는 것이 아니라 한 주의 첫날에, 새 세상의 첫날에, 함께한 사람들을 위해서, 새 생명의 첫날의 사나이로 우리에게 다가옵니다.

일요일의 사나이에 관한 이야기는 우리에게 매우 긴급한 것입니다. 왜냐하면 돈과 권력과 폭력과 통제의 옛 이야기들이 실패했기 때문입니다. 이 세상에 다른 방식의 삶이 있다는 사실이 우리에게는 놀라운 일입니다.

그것은 바로 세상을 다시 시작하신 그 사나이를 따르는 '제자도'입니다. 그리고 이제 교회 안에서 우리 모두는 보수주의자이건 진보주의자이건 제자 사역에 경이로움을 느낄 뿐입니다.

우리는 확신할 수 없습니다. 그러나 우리는 이 시간의 끝을 기대합니다. 우리는 사명 받을 것을 기대합니다.
우리는 위험에 처할 것을 기대합니다. 우리는 확신할 수 없습니다. 그러나 우리의 기억 속 그날은 반드시 올 것입니다.

◦

주는 우리와 함께 머무시는 하나님이십니다.
우리는 금요일의 기억과 주일의 소망의 흔적을 가지고 있으나
불안과 초조 속에 토요일을 보냅니다.
우리가 너무 쉽게 어두움으로부터 탈출하지 못하게 하소서.
생명을 주는 주의 은혜가 우리 기다림을 방해할 때까지
우리가 기다릴 수 있게 하소서. 아멘.

Easter Sunday – 부활주일

세상에 던져진 용기

이날 곧 안식 후 첫날 저녁 때에 제자들이 유대인들을 두려워하여
모인 곳의 문들을 닫았더니 예수께서 오사 가운데 서서 이르시되
너희에게 평강이 있을지어다
(요한복음 20 : 19)
-

제자들이 "두려워 문을 닫고" 모여 있던 그곳에 주께서 오셨습니다. 그분은 폭력적이고 쉼 없는 제국의 한복판에 서 계셨습니다. 그리고 말씀하셨습니다.
"너희에게 평강이 있을지어다"
제자들은 몸의 상처들을 보고 예수님을 알아보았습니다. 이분

이야말로 그들을 절망하게 했던 바로 그 예수님이셨습니다. 제자들이 예수님을 알아보았을 때 예수님은 두 번째로 말씀하십니다.

"너희에게 평강이 있을지어다"

이 말씀은 제국이 만든 죽음의 제도와 죽은 채로 가두어 둘 수 없었던 부활의 주님의 모순을 드러냅니다.

부활의 주일에 우리는 제국의 죽음과 부활의 생명 사이에 있는 모순을 곰곰이 생각해 보고, 제국 속에서 있는 우리 자신의 신앙을 되돌아보며, "평강이 있을지어다"라고 그때도 말씀하셨고 지금도 말씀하시는 그분을 만나게 됩니다.

예수님은 제자들에게 평강을 말씀하시고 나서 '그들을 향하여 숨'을 내쉬셨습니다.

성경에서 '숨'은 '영'과 같은 단어입니다. 예수님은 제자들에게 영을 주셨습니다. 생기를 잃은 그들에게 인위적으로 호흡을 불어넣으셨습니다. 바로 예수님 당신의 영이신 "성령을 받으라"고 말씀하셨습니다.

예수님은 우리에게 파도처럼 밀려오는 놀라운 생명의 선물을 주셨습니다. 그것은 오직 폭력과 통제만 알고 생명을 주는 것에 대해서는 아무것도 알지 못하는 제국과는 전혀 달랐습니다. 파괴적인 제국 안에서 한 생명의 세계가 도래하는 것을 상상해 보십시오.

이 생명의 운반자가 제자들에게 말씀하셨습니다.

"내가 너희에게 죄를 사하는 권세를 주노라"

저는 여러분들을 용서하는 사역에 초대하고자 합니다. 나는 여러분들에게 치유하고 혁신하는 화해의 사역을 맡깁니다. 그때나 지금이나 그것은 교회가 감당해야 할 어려운 과업입니다. 왜냐하면 제국 안에는 공짜 점심도 없고, 편 손도 없으며, 두려움과 폭력과 실패의 악순환을 깨뜨리려는 노력도 없기 때문입니다.

그래서 이렇게 여러분들을 설득해 보려고 합니다. 여러분과 내가 오늘 제국에 모순되는 부활절 생명운동에 참여한다고 상상해 보십시오. 어떤 일이 일어날지 상상해 봅시다. 정말로 생명이 죽음보다 더 강한지 함께 지켜 봅시다.

어떤 분들은 결코 움직이거나 제국보다 우리를 신뢰하려 하지 않을 것입니다. 그렇지만 우리는 압니다. 우리는 예수님의 숨을 들이마셨습니다. 우리에게 주님이 찾아오셨습니다. 그리고 우리에게 말씀하셨습니다.

"너희에게 평강이 있을지어다"

그분은 세 번 말씀하셨고, 우리에게 용서의 사역을 맡겨 주셨습니다. 우리는 주께서 주시는 생명을 받았습니다.

하나님을 찬양합시다!

o

주께서는 우리를 죽음 가운데서 생명으로,
폭력 가운데서 평화로,
절망 가운데서 찬양으로 부르셨습니다.
다시 한번 주님의 성령으로 채우셔서,
우리로 주님의 부르심에 응답하게 하시고 생명운동에 참여하게 하소서. 아멘.

옮긴이의 글

다시 광야에 서서 새 창조의 길로!

브루그만의 사순절 묵상을 소개하게 되어 기쁩니다. 우리 영혼과 마음을 새롭게 하고, "어둠과 죽음의 그늘"(눅 1:79; 사 9:2)이 짙게 드리운 세상과 삶에 밝은 생명의 빛을 비추기에 모자람이 없을 만큼 시의적절한 묵상입니다.

지금은 분명히 위기의 때입니다. 교회는 위기의 때마다 성령께 이끌려 하나님의 말씀에 귀 기울입니다. 이를 위해 사순절보다 더 알맞은 시기를 떠올리기 어렵습니다. '정곡을 찌르는' 성경 이해에 터잡고 잘 담금질된 묵상을 선물하는 브루그만과 사순절 신앙여정을 함께하면 더욱 알찬 영성의 열매를 거둘 것으로 기대합니다.

사순절 신앙여정은 광야로의 초대입니다. 우리는 이스라엘의 출애굽과 광야여정을 회상하면서 우리의 고귀한 자유와 기쁨을 앗아가는 거짓 신을 버리고, 지금도 살아 계셔서 역사하시는 하나님을 만나는 길로 들어섭니다.

우리는 광야에서 성령께 이끌리신 예수님을 따라 뒤틀리고 그릇된 마음과 가치와 행동의 유혹을 이겨 냅니다. 우리는 하나님께서 주시는 풍성한 선물에 감사하고 기뻐하면서 하나님 자녀의 삶을 향하여 다시 힘차게 나아갑니다.

사순절은 신앙의 정체성을 더욱 성숙시키는 값진 시간입니다. 사순절은 새 창조로의 초청입니다. 새 창조는 성령의 능력 안에서 예수님의 부활에서 비롯된 새 생명의 탄생과 온 창조에 하나님의 영광이 계시되는 살아 계신 하나님의 놀라운 역사입니다.

우리는 단지 예수님께서 겪으신 수난과 죽음을 애도하고 슬퍼하지 않습니다. 예수님의 부활과 성령 강림을 회상하고 기념하면서 부활과 새 창조의 역사에 동참하기 위한 힘찬 발걸음을 내딛는 법을 배웁니다.

우리는 사순절 신앙여정을 통해서 성령의 능력을 힘입어 그리스도의 형상으로 변화하여 하나님께서 다스리는 영광스러운 삶에 참여하는 비전을 회복할 것입니다(고후 3:18).

교회나 사회 그 어디를 둘러봐도 사람들의 얼굴에 온통 불안과 두려움의 기색이 가득합니다. 전보다 더 잘 먹고 잘 입으며 살건만 마음과 뜻과 행동은 위축되어 있습니다. 많은 이들이 행복을 누리기는커녕 불행 의식에 짓눌려 있습니다. 세계사에서 그 유례를 찾기 힘든 반세기만에 기적 같은 약진을 이룬 역동적인 사회라고 하기에는 너무 낯선 모습입니다.

교회와 사회 모두 기로에 서 있습니다. 지금은 전환을 요구하는 위기의 시대입니다. 매년 초봄이면 어김없이 시작되는 사순절에, 봄의 절정 새 생명이 약동하는 부활절에 먼저 그리스도인 공동체가 성령께 이끌려 다시 광야에 서서 예수님의 수난과 부활을 묵상하면서 "마음을 새롭게 함으로 변화를 받아"(롬 12:2) 성삼위 하나님께서 이루어 가시는 새 생명과 새 창조의 역사에 힘차게 참여하기를 기원합니다.

2018년 사순절을 기다리며
역자를 대표해서
박형국

월터 브루그만과 함께하는
사순절 묵상집 가보지 않은 길

초판발행 2018년 2월 1일
5쇄발행 2022년 1월 30일
지 은 이 월터 브루그만/ 리처드 플로이드 엮음
옮 긴 이 박형국 김상윤
펴 낸 이 박창원
펴 낸 곳 한국장로교출판사
주　　소 03129 / 서울시 종로구 대학로 19, 409호(연지동, 한국기독교회관)
전　　화 (02) 741-4381 / 팩스 741-7886
영 업 국 (031) 944-4340 / 팩스 944-2623
등　　록 No. 1-84(1951. 8. 3.)
ISBN 978-89-398-4302-8 / Printed in Korea

책임편집 정현선
편집 원지현, 이우진
디자인 최종혜, 최준호
경영지원 박호애, 최수현
마케팅 박준기, 이용성, 성영훈

값 8,000원

※ 이 출판물은 저작권법에 의해 보호를 받는 저작물이므로 무단전재와 무단복제를 할 수 없습니다.